Hof
lmbach
Fichtelgebirge
ayreuth
Oberpfälzer Wald
Weiden
Naab
Waldmünchen
y
e
r
n
Regen
Großer Arber
1456
Viechtach
Regensburg
Bayerischer Wald
Kehlheim
golstadt
Straubing
Deggendorf
20
Freyung
Hallertau
Landau
Donau
Vilshofen
Isar
17
Landshut
Passau
Bad
Birnbach
Rott
Freising
Isar
Eggenfelden
Erding
Inn
achau
19
Mühldorf
Haag
Alz
Inn
München
Salzach
erg
Rosen-
heim
Chiem-
see
olzkirchen
Prien
Salzburg
14
Bad
Reichenhall
15
1838
Wendelstein
16
Berchtesgaden
2713
Watzmann

Fritz Fenzl

Jungbrunnen

Quellen der Kraft
und der Heilung in Bayern

nymphenburger

» Wie in tiefster Nacht verborgen
rauschen heimlich Zauberquellen … «

Mehr Informationen zu Fritz Fenzl unter
www.magische-kraftorte.de
und zum Verlag unter www.nymphenburger-verlag.de

Schutzumschlag: Wolfgang Heinzel
Schutzumschlagmotiv: mauritius-images, Mittenwald
Satz: C. Schaber Datentechnik, Wels
Gesetzt aus 10,5/14,2 Punkt Sabon
Übersichtskarte: Kartografie & Grafik
Eckehard Radehose, Schliersee
Druck und Binden: GGP Media GmbH, Pößneck
Printed in Germany
ISBN 3-485-01046-4

Inhalt

Die Kraft des Wassers

In den späten Achtzigerjahren verschwanden unauffällig, aber systematisch die Jungbrunnen des Alltags aus unserem Blickfeld und aus unserem Leben: Öffentlich zugängliche Viehtränken wurden urplötzlich den Blicken und dem Bewusstsein entzogen, ebenso wie Leben spendende und lebensbestimmende Brunnen, die zumeist zentral auf den Dorfplätzen gestanden hatten; die Brunnen verschenkten nicht nur ihr Wasser und damit sich selbst, sondern waren auch immer ein Ort der Begegnung unter Menschen gewesen.

Quellen, still und rein an heiligen Hainen oder magischen Orten gelegen, oder aus dem Boden entspringendes Heilwasser fand man damals noch öfters als heute.

In der Zeit des geistigen und spirituellen Umbruchs nach der Jahrtausendwende sind Quellen als Kraftort- und Jungbrunnen-Geheimtipps im Trend. Dies ist viel mehr als eine Mode: Es ist der

Ausdruck einer Suche nach der Urkraft, mit der die Menschen früher sehr viel mehr im Einklang waren als wir heute. Und es ist viel mehr als das, was uns Staat, Gemeinde und jede Art von Obrigkeit anbieten wollen oder können.

An Stelle der Dorfbrunnen tauchten Zierbrunnen mit künstlichem Wasserkreislauf auf, leitungsverlegte Brunnen, deren künstlerische Ausgestaltung oftmals die belebende Kraft des Wassers symbolisieren soll.

Man schloss sogar aus wirtschaftlichen Gründen lokale Wasserwerke zusammen und liefert heute einen Verschnitt verschiedener Wasser. Was tun wir da eigentlich? Wasser ist Leben. Wasser schenkt uns Lebenskraft. Wasser ist ein Geschenk der Natur, doch wir entfernen uns mit all diesen »Fortschritten« immer mehr vom natürlichen Kreislauf.

Und es entbehrt nicht einer gewissen Komik, dass an allen reinen Quellen ein Schild prangt: »Kein Trinkwasser«.

Was umsonst ist, das darf nicht gut sein oder einfach so, angstfrei, dahinsprudeln …

Damit sind wir mitten im Thema und auch im Geheimnis des Jungbrunnens oder der vielen Jungbrunnen, die ich kenne: diese Zauberwasser an magischen Orten, solche wunderbaren, wundersamen, belebenden, vitalisierenden, verzaubernden Quellen und fließenden, manchmal auch stehenden Wasser. Bei ihnen kommt man mit jener göttlichen und gottgewollten Flüssigkeit in Kontakt, die unseren Blauen Planeten belebt.

Genauso, wie das Blut in unseren Adern fließt, zirkuliert, am Leben hält, Lebensstoffe holt und bringt, so werden die Welt und damit auch Bayern vom Wassernetz des Lebens und damit des Schöpfungsplanes durchzogen. Hier in unseren Breitengraden sind wir wahrlich gesegnet mit heilenden Zauberquellen.

Jeder weiß, dass es ein komplexes System von Adern, von Venen und Arterien im Körper gibt. – Wer aber kennt genau die richtigen Stellen, um zum rechten Zeitpunkt das Richtige zu tun, wenn er heilen will?

Nur ein sehr guter Arzt, ein Wissender der Lebenskraft, ein Heiler im wahrsten Sinne des Wortes. Dieses Wissen um die richtigen Stellen im Körper hat seine Entsprechung in der Natur.

Auch die Welt ist ein Körper, ein lebendiger Organismus. Und Kraftplätze sind, etwas vereinfacht gesagt, eben genau jene richtigen Stellen, an denen und durch die Heilung stattfinden kann.

Heilendes Wasser, das an zauberhaften Jungbrunnen nach oben dringt, will gefunden werden, um seine liebevolle, aufnehmende, bewahrende und vor allem heilende Kraft zu entfalten.

Es ist müßig, darüber zu diskutieren, ob nun da oder dort das wahre Heilungswissen verborgen ist, ob nun in der Schulmedizin, bei den Naturheilern, den Hexen, bei Schamanen und Geistheilern. Letztlich zählt für mich nur: »Wer heilt, hat Recht.«

Ich habe immer wieder die heilende Kraft der Natur erleben dürfen. Die Natur heilt, weil sie naturgemäß natürlich ist. Die Natur ist sie selbst, wenn sie heilt. Würde die Natur nicht heilen oder verjüngen, stünde sie im Widerspruch zu sich selbst.

Uns hat man allerdings längst eingeredet, dass alles altert in der Natur. Was für ein Unsinn. Alles gebiert sich neu, jung und frisch. Sonst gäbe es uns nicht.

Wir sollten nicht glauben, was man uns einredet, sondern nur das, was wir erfahren. Deshalb ist es wichtig, unsere Gedanken in die richtige Richtung zu lenken. Umdenken macht jung.

Der Jungbrunnen ist nicht nur ein besonderer Ort, er ist auch ein Weg, ein Heilungsweg. Wer heil ist, der lebt länger, der beschreitet einen längeren Lebensweg; wer länger lebt, der bleibt länger jung.

Das herkömmliche Denken würde an dieser Stelle sagen: Wer länger lebt, der ist länger alt. Stimmt nicht: Denn wer länger lebt, der ist länger jung.

Leben hängt mit Lebendigsein zusammen, nicht mit Alter. Wer »alt« ist, der bleibt einfach länger jung, also lebendig im eigentlichen Sinne. Sehen Sie einmal in die strahlenden Augen jung gebliebener so genannter alter Menschen.

Betrachten wir die wunderbare Sage, den Mythos vom Jungbrunnen, den jeder irgendwie im Hinterkopf hat.

Ein altes Weiblein, sich nach entflohener Jugend sehnend, findet den magischen Quell und steigt in das verjüngende Bad. Nach einer gewissen Zeit (!) verlässt sie das Zauberwasser als begehrenswertes junges Mädchen.

Ein Traum, gewiss. Doch Träume zeigen uns eine tiefe Wahrheit, sie verraten alles, liefern den Schlüssel.

Jungbrunnen sind naturgegebene Tore zu dem, was heute etwas materialistisch als Anti-Aging umschrieben wird. Sie können dort die Zeit umgehen, wenn Sie nur wissen, wie.

Tatsache ist, dass es auf der Erde magische Orte gibt. Sie liegen zumeist an Kreuzungspunkten des weltweit umspannenden Gitternetzes von Schlangen- oder Drachenlinien, Ley-Lines, wie immer Sie diese benennen wollen.

Der Name »Loreley«, jener unendlich schönen, gefährlich attraktiven und immer jungen lockenden Frau, die auf dem gleichnamigen Felsen sitzt, kündet dem Kenner, dass hier, »allwo die verliebtverzückten Schiffer in den Fluten« versinken – also in der unendlichen Tiefe der eigenen Psyche und der unerfüllten Sehnsüchte –, nicht nur eine solche Gitternetzlinie verläuft, sondern gar die Schnittstelle zweier Linien besteht – und mächtig wirkt. Die Schnittstelle liegt im Wasser, in der schweren fließenden Energielinie des Rheines.

Wenn wir also von der magnetischen Anziehung des Wassers hören, dann wissen wir, welche Urkräfte sich die schöne Ur-Verführerin, stellvertretend für alle, zu Nutze macht.

Ein Ort wird bestimmt vom Verlauf dieser Energielinien und es ist einleuchtend, dass Ort nicht gleich Ort ist. Ebenso ist Zeit nicht gleich Zeit.

Auf unserer Erde existieren wahre Raum-Zeit-Tunnel, wirksam, aktiv, gefährlich auch. Wie etwa am Untersberg, einem dunkel magischen Bergmassiv zwischen Berchtesgaden und Salzburg, nahe der österreichisch-bayerischen Grenze. Hier geschehen spektakuläre Zeitverschiebungen, von denen auch eine örtliche Sage berichtet. Barbarossa schläft im Inneren des Untersbergs und wartet auf seine Zeit. Dann erheben sich die Raben in die Lüfte und er weiß, nun ist sie gekommen. Dann regelt der wissende Herrscher die Dinge neu. Alles zu seiner Zeit.

Über die Quelle am Fuße des Untersbergs finden Sie mehr in diesem Buch.

Grundsätzlich ist zu sagen, dass der Begriff »Quell« zumeist wirklich für eine Quelle steht, im weiteren Sinn jedoch von mir auch auf eine Wasserader, einen Fluss oder See übertragen wird, wenn an diesen die verjüngende Kraft des Wassers erfahrbar ist. Erfahrbar wird sie für denjenigen, der sich ihr öffnet, ihr vertraut und seinen Geist entsprechend ausrichtet.

Der wahre Jungbrunnen entspringt im Geist, im eigenen Kopf. Kennen Sie Sätze wie: »Es geht nicht mehr so wie früher«, oder: »Tanzen? In meinem Alter? Ja, früher …«

Mit solchen Gedanken richten Sie Ihr Leben aus. Machen Sie sich bewusst, wie Sie denken, und lenken Sie Ihre Gedanken dorthin, wo Sie gerne hinmöchten.

Sie müssen mit Ihrem alten Denkmüll, der zwangsweise durch Erziehung und viele andere prägende Faktoren in jedem von uns steckt, ziemlich radikal umgehen. Sonst geht nämlich diese dunkle, wenngleich allgegenwärtige Denkenergie radikal mit Ihnen um!

Viele neue, jung machende Gedanken finden Sie in diesem Buch. Wichtig ist es dennoch, jeweils an einen bestimmten magischen Ort hinzugehen, der die Quelle (der Weisheit) hervorbringt. Indem Sie hingehen, pilgern, wandern, wandeln, ver-wandeln Sie sich selbst. Körperlich müssen Sie sich zum magischen Ort bewegen, dann bewegt sich auch Ihr Geist zum (geistigen) Ort der ewigen Jugend.

Jungbrunnen sind gottgewollte Prinzipien einer liebenden Schöpfungs- und Neuschöpfungsidee.

Wasser, H_2O, die Urformel des Seins, bedeutet nicht nur eine chemische Verbindung.

Zwei Gase, nämlich Wasserstoff und Sauerstoff, verbinden sich zu einer Flüssigkeit – das ist Alchemie pur.

Das positive Sauerstoffatom verbindet sich mit zwei negativen Wasserstoffatomen zum Wassermolekül H_2O. – Denkt jemand daran, dass so nun ein winzig kleiner, aber wirkender Magnet entstanden ist, dass Magnetketten und Molekülketten sich zusammentun und dass diese Ketten, so genannte Cluster, Informationen an die Zellen abgeben?

In einem Bild gesprochen: Wasser ist ein Datenträger wie das Magnetband eines Kassettenrekorders oder die neue CD, die Ihre Wunschmusik liefert.

Die Informationen des Wassers sind unterschiedlich und hängen von der Qualität des Wassers ab. Gerade deshalb ist es so wichtig, Wasser an energetisch besonderen Kraftplätzen zu sich zu nehmen oder hineinzutauchen, die Augen zu benetzen oder was immer Sie tun möchten.

Wasser trägt heilende, verjüngende, wenn Sie so wollen: Anti-Aging-Infos. Wasser kann alle Zeiten erreichen und birgt in sich alle Zeiten, weil es schon immer da war.

Jung sein, jung werden, jung bleiben, das ist nichts Passives. Sie können eine Menge tun. Aber Sie tun das gerne, denn Sie sind jung. Und wenn nicht, dann werden Sie es. Durch Umdenken, Wandern und Wandlung.

1
Hubertusquellen im Ostallgäu

Vom Wasserschmecker behütete Zauberquellen

Der Tag begann ausgesprochen vitalisierend, was sich in Gestalt einer typisch allgäuerischen Flädlesuppe, darauf folgenden Käsespatzen und abschließendem Streuselkuchen offenbarte.

So gemütlich sich das auch anhören mag, mir stand eine sechsstündige Tour bevor, hügelauf, hügelab; denn der bekannte Wünschelrutengänger und Brunnenbauer, hier im ortsgebundenen Dialekt »Wasserschmecker« genannt, hatte versprochen, mich zu einem geheimen Zauberquellen-Areal zu führen.

Hopferbach liegt in der Nähe von Oberthingau, im magischen Dreieck zwischen Kempten, Marktoberdorf und Memmingen.

Hopferbach erfreut Auge und fühlende Sinne als ein typisch erdender Ort. Der feste Kirchturm mit dem Satteldach leitet schwere, aber urgesunde Erdenergien nach oben. Wer fühlig ist, spürt, dass dieser Turm keinen Sender darstellt, sondern den

Empfänger, vermutlich den erdschweren Empfänger einer Sendeanlage in Grönebach, etwas weiter nördlich.

Von hier aus beschreibe ich nun im Folgenden drei Wanderungen, die allesamt an diesem Erdzentrum beginnen.

1
Jungbrunnen-Weg

Wir starten den Jungbrunnen-Weg zu den heiligen Quellen und gehen Richtung Maibaum und dort weiter den Weihermühlenweg entlang.

Bald nimmt die Energie in eigenartig die Glieder schwer machender Weise zu. So gelangen wir zur Weihermühle, der ehemaligen »Burgmühle der Herren von Hopferbach«, wie ein altes Schild an der dicken, Jahrhunderte alten Mauer verrät.

Beim bewussten, Auge, Sinn und Seele offen haltenden Weiterpilgern nähern wir uns jetzt überstark fühlbar jener aufregenden Art von Verjüngungsgebiet, wie ich es persönlich bevorzuge: linksdrehender Energie.

Der Wünschelrutengänger bestätigt dies grinsend und weiß auch: »Linksdrehend« heilt und verjüngt, obwohl zumeist rechtsdrehende Kräfte als gesund oder beruhigend betrachtet werden.

Man sagt dann auch: unruhiger Platz. Und

mehrere meterhohe Ameisenhaufen, ebenfalls links vom Weg, bestätigen dies. Ameisen, Katzen, Insekten, vor allem Wespen und Hummeln fühlen sich auf unruhigen (linksdrehenden) Plätzen heimisch. Der Zauberweg öffnet sich bald zu einer Lichtung, zu deren Rechten sich die Waldsenke auftut, wie aus einem fernen Traum. »Im tiefen Waldesgrund«, kommt es mir in den Sinn: Hier ist dieser lockende Urgrund der Leben spendenden Tiefe.

Ein Schild weist den Weg: »Hubertusquellen«. Es ist ein bescheidenes, absichtlich wohl unauffälliges Holzschild, eher ein Pfeil. Auf dem bewaldeten Hang dann nochmals ein Schild, das vom Wasserschmecker als Pfählung der Erdenergie bewusst gesetzt wurde.

Und, genau hier: das Zentrum der Kraft! Diese bei drückendem oder schnell wechselndem Wetter nur mit Mühe zu ertragende Urkraft der Mutter Erde speist sich aus den beiden Quellen, die rechts und links des Pfahles aus der Erde dringen. Die eine Quelle rechts-, die andere linksdrehend. In deren Mitte – Kraft pur.

Wie bei Anti-Gravitationsscheiben stehen wir im Auge des Hurrikans, genau in dem Bereich, da die gegenläufigen Spiralkräfte sich neutralisieren. Die Zeit steht still.

»Haben Sie bemerkt, dass Sie über eine kleine Holzbrücke mussten, um die erste der Quellen zu erreichen?«

Der Wasserschmecker grinst. Das Holzsteglein weist den bewussten Pilger eindringlich darauf hin, dass er, der suchende Mensch, immer über eine Brücke schreiten muss, nicht nur körperlich, sondern auch geistig, sogar mit einem Teil der Seele (!), um den Jungbrunnen zu finden. Die Denk-Suche lohnt. Und schenkt Leben.

Klicken Sie sich ein ins Urbewusstsein, überlassen Sie Ihr Urdenken Gott.

Nehmen Sie die materiellen Wegweiser zur Quelle als Wegweiser zur höheren Macht. An diesem Quellgebiet, das insgesamt 45 Quellen umfasst, die dann der westlichen Günz im Günztal zufließen, ist sie so wunderbar nahe. Die Natur ist der genialste Dom zu Ehren des Schöpfers, der je gebaut wurde.

Immer wenn Sie an magischen Orten stehen, immer wenn Sie Drachenlinien, Wunderwege oder wie in diesem Falle Zeitschleusen und Lebens-Quellgebiet betreten, dann sollten Sie auf Bäume, Sträucher und Heilpflanzen am Wegesrand achten. Hier im Jungbrunnen-Areal der Allgäuer Hubertusquellen dominieren bei den Bäumen Buche, Ahorn und Esche. An Wegrändern fallen zahlreiche Brennnesseln und hohe, wunderbar blühende Distelgewächse auf.

Brennnesseln mit ihrem so wunderbar kühlenden Geruch wachsen zumeist auf »unruhigen« Orten und haben in der Vergangenheit bei mir so manches Weh vertrieben. Geschwollene Knöchel oder überlastete Knie nach zu langem Joggen schwellen nach dem langsamen Einreiben mit Brennnesseln ab.

Ein Tee aus Brennnesseln wirkt reinigend, d. h., die Pflanze bringt in den Körper dieselbe Information wie das reine Quellwasser.

2
Die Lebensbuche

Mit solchen Gedanken gereinigt und seelisch verjüngt, gehen wir zurück nach Hopferbach und bewegen uns, wieder vom Maibaum aus, Richtung Schmalholz. Wir gelangen auf den klassischen Drachenpfad, einen hoch über das Land sich schwingenden Gebirgsrücken, der freie Sicht über das bayerische Tibet, wie ich das Allgäu gerne nenne, schenkt.

Linksdrehende Kräfte fast überall auf dem Rücken des Drachen werden vom Wasserschmecker bestätigt. Die frei stehende Buche, der wir uns nähern, mit einem fünfstämmigen Einzelstamm, vereinigt nicht nur das Paradox »Fünf in Eins«, sondern auch die geheime Heilkraft der Fünfzahl. Alle Heilpflanzen, die meisten Hexenkräuter haben fünfblättrigen Blütenstand. Kein Wunder, dass die Fünf verpönt ist.

Doch Vorsicht! Die Energien im direkten Kraftfeld der Buche sind so übermächtig, stark und fordernd, dass Sie als Jungbrunnen-Sucher und Kraftortfreund nur bei guter seelischer Grundstimmung oder mit wissender Begleitung hierher gehen sollten.

»16 000 Boviseinheiten«, meint mein Begleiter anerkennend und ehrfurchtsvoll.

Sie brauchen keine Wünschelrute oder Pendel, um das zu fühlen. Im Körper ist alles angelegt, um die Energien wahrzunehmen, und mit zunehmender Übung gelingt dies auch immer besser.

3
Kreuzweg und Drachenrücken

Inzwischen hat sich unser Sinn verändert. Es ist unmöglich, die oben beschriebenen Pfade – oder auch nur einen davon – zu beschreiten, ohne verändert zu werden. Wandern, Wandel, Wandlung, Wunder.

Wieder starten wir von der Kirche aus. Westlich von dieser christlich begründeten Erdpfählung, deren Schwere dem Beobachter erst nach dem Bepilgern der Umgegend aufgeht, führt ein jüngst erneuerter Weg auf den Kalvarienberg. Ausgerechnet beim Sportplatz ist die Energie erschreckend erdend und belastend gar; dann aber, mit dem ersten Anstieg, gehen auch die Seelengefühle nach oben.

Der Anstieg führt zu einem einzigartigen Drachenrücken, einem Keltenwall, so hoch und nach beiden Seiten steil abfallend, wie ich sonst keinen kenne. Eine Gratwanderung im wahrsten Sinne des Wortes – allerdings nicht gefährlich. Wer kann heute noch sagen, wie und wann dies Wunderwerk entstand?

Marienenergie erwartet uns. Und siehe da: einladend, erdend und bergend, unter dem finalen Kreuz, sehen wir erfreut die Mariengrotte.

Das hohe Kreuz mit dem lebensgroßen Corpus Christi über der Gottesgebärerin stellt eine spirituelle Wechselstromanlage dar: rechts- und linksdrehende Kräfte. Beim fühlenden Hin- und Herschreiten erlebt man religiöse Urkraft und wuchtig fordernde Erdkraft, ruckartig wechselnd auf den halben Meter. Mit der hier pulsierenden, uralten, erdalten Drachenkraft von unbeschreibbarer Eigen-Wahrheit und kaum zu bestimmender Ritual-Aufladung ferner Ahnen, die mit Macht, Geisteskraft- und Erdenschwere zu einem dringen wollen, muss man umzugehen verstehen.

Ruhen wir lieber aus in der Marienenergie, etwa einen Meter vor der Grotte. Fühlen wir die kosmische Geborgenheit dieses Ortes, der uns in eine Art embryonischen Seinszustand versetzt. Es gibt kein Gestern und kein Morgen. Alles ist schon immer da und wird immer sein. Seien Sie einfach gegenwärtig mit dem, was ist. Und schauen Sie hinterher in den Spiegel. Dann wissen Sie, dass Sie an einem Jungbrunnen waren.

Passende Übung:
Schreiten Sie bewusst über Brücken. Wenn keine da ist, stellen Sie sich den Bach des Seins vor und schreiten mit großem Schritt darüber. Greifen Sie an die Oberseite des Kopfes und bilden Sie mit beiden Händen die Brücke zwischen der linken und rechten Gehirnhälfte. Lassen Sie zu, was geschieht.

Welche neuen Gedanken lasse ich heute zu?
Das Denken überdenken. Ihre Intelligenz hat nur denjenigen Denkstoff parat, den Sie gelernt oder erfahren haben, das so genannte »Wissen«, auf das wir oft so stolz sind. Die höhere Intelligenz, ihr kollektives Un(ter)bewusstes (ich liebe den Be-

griff Ahnengedächtnis), weiß alles, was war, ist, sein wird, sein könnte. Sie müssen dieses gigantische Schöpfungswissen nur aktivieren.

Überschreiten Sie bewusst Brücken, die Sie kennen, besonders stille kleine Brücklein über fließendes Gewässer. Klinken Sie Ihre Gedanken in das fließende Wasser ein.

Ausgangspunkt: Kirchturm oder Maibaum von Hopferbach. Die vorgeschlagenen Wanderungen beginnen immer wieder von diesem Erd-Zentrum aus.
Länge: Alle drei Wanderungen jeweils ungefähr ein Kilometer.
Anstieg: Erste Wanderung zu den Quellen: Keiner.
Zweite Wanderung zur Jugend- und Lebensbuche: ein leichter, sanfter Anstieg.
Dritter Weg (Kalvarienberg, Keltenwall): Sie kommen ins Schnaufen, doch auch für Ungeübte kein Problem;
je nach Entdeckerlaune einige hundert Meter Anstieg.
Einkehr: Im Allgäu sollte man das Spiel spielen: Immer Neues finden. Wo ich zufällig lande, ist's zumeist ein Erlebnis.
Anfahrt: Man kann auf vielen Wegen landschaftsselig durch's Allgäu schaukeln, über Kaufbeuren, Marktoberdorf …
Besonders schnell und gut zu finden: Ab München Autobahn A 96 Landsberg-Lindau bis Memmingen, dann Richtung Süden nach Kempten; an Ottobeuren mit verjüngender Kneipp-Power vorbei gelangen Sie direkt nach Hopferbach.

2

Tiefenbach im Allgäu

Erlebbare Urenergien am Ort der Zeitlosigkeit

Nomen est Omen: Was kann ein Ort und eine Umgebung mit Namen Tiefenbach anderes sein als ein weit unter der Oberfläche der Erkenntnis und des menschlichen Sehenkönnens dahinfließender Lebensstrom?

Dieser Strom verstanden ganz im Sinne der Urenergie, die ebenso wenig entschlüsselbar sein wird wie das Leben selbst.

Immer wieder zieht es mich nach Tiefenbach, und wenn ich nicht über das dort waltende Urgeheimnis der Energieflüsse reden will, sage ich verschleiernd: »Herrliches Allgäu! Höhenluft! Kuhglocken, frische Luft inhalieren …!«

Aber es ist viel, viel mehr.

Hier waltet und schabernackt zwischen Bergen, Hügeln, Talsohlen und einer wilden Klamm das Energienspiel pur: Kobolden und Faunen gleich sausen vitale, jung machende Lebensgeister (Energien) hin und her zwischen Bäumen, Sträuchern, oft auch auf gedeckten Freiterrassen mit ausgesucht gutem Essen.

Hier findet sich auf engem Raume viel, was den Freund magischer Orte geradewegs zu tiefer Erkenntnis bringen mag. Unweit von Tiefenbach, dem Weg zur Kirche hin folgend, dann am Höhlen-Steinzeitweg vorbei steil ansteigend geht es zur so genannten Judenkirche, einem genial vom größten Architekten des Zeitenbogens errichteten Naturtempel, der zugleich auch ein rundbogenbestimmter Felsen-Naturdom ist. Dieser ist heute jedoch nicht unser Ziel. Mehr Informationen dazu unter *www.oberallgaeu.de/judenkirche*.

Unseren Aufenthalt in Tiefenbach beginnen wir heute in der Kirche St. Barbara am archaisch steinernen, heilige Geometrie darstellenden Weihwasserbecken. Die hier waltenden Erdkräfte, linksspindelnd und nach oben hebend, sind genau richtig, um uns einzustimmen auf den Tag.

Der Talkessel, in dem der Ort Tiefenbach liegt, war dereinst ein Ursee, etwa so tief wie heute die Kirchturmspitze hoch. Indem wir diese Tiefen dahinschmelzender Eiszeiten imaginieren, obwohl wir auf kuhglocken-seligen Almwiesen stehen, wandelt sich unser Bewusst-Sein, denn die Energie des vor Zeiten den Raum füllenden Sees ist immer noch da, ist Leben schenkende, Jugend bewahrende, Zeit aufzeichnende und Zeitläufte speichernde, über das Ahnengedächtnis informierende Kraft des Wassers.

Und es ist sicherlich kein Zufall, dass der offizielle Kirchenführer der geheimnisvollen Tiefenbacher Kirche St. Barbara zuallererst auf die Eiszeit, den Ursee und dann sofort auf die Kelten zu sprechen kommt!

Hinter der Kirche folgen wir dem Wegweiser, der nach links zeigt und die Aufschrift »Hirschsprung« trägt.

Nun hebt der Pfad sich synchron zu unserem Gemüt, der Blick schweift froh über sattgrüne Wiesen, launige Hügel, anspruchsvolle Hotels und einen föhntrunkenen fedrigen Himmel.

Der Weg zeigt sich geschwungen, verspielt und leichtgewichtig wie eine Mozartoper, dennoch wissend und nicht ohne Hintersinn. Zur Linken sehen wir den Reiterhof; bald werden wir, links unterhalb des Pfades, vom reinigenden Geräusch des Gebirgsbaches empfangen.

Wer fühlig ist, spürt Wasser – überall. Nicht ohne Grund. Wir bewegen uns auf unterirdischen Bachläufen, die auf den Wiesen in Nähe des Reiterhofes auffallend oft zutage treten.

Und ein Besuch der Sturmannshöhle, jenem erdgeschichtlich sensationellen Alpenhöhlenphänomen, das gar nicht weit entfernt ist und das wir nach dem Hirschsprung besuchen, bestätigt die gefühlte Annahme: Urwasser, reißend und stark, unter uns, überall.

Sodann werden die den Weg säumenden Felsen höher, enger und bedrohlicher: Die Energie nimmt dramatisch zu, wir nähern uns jenem Naturphänomen, das Hirschsprung genannt wird: ein schmaler Pass durch zwei turmhohe, vor Erdenergie strotzende Felsmassive.

Ist der magische Wanderweg hierher schon Einweihung; das Durchschreiten dieses Geburtskanals aus Gebirgsfelsen ist es allemal. Vor Urzeiten musste hier auch das tosende Wasser, das heute Breitach heißt, durch die feste Wand, war gezwungen, sich den Weg ins Leben dahinter mit Gewalt und Ausdauer zu bahnen: Wasser – Leben – Urenergie – Geburt – Jugend.

Und wer ein Hindernis durchdringt, hinter sich lässt, der tritt immer hinein in ein (neues) Leben.

Nichts steht zufällig da.

Der Hirschsprung ist ein Sprung hinein ins Leben. Ins neue Leben. Springen Sie.

Spüren Sie den Magnetismus zwischen den Felsmassiven, einer der Gesteinstürme ist positiv, einer negativ geladen. Spüren Sie, wie diese Kräfte auf Ihren Körper wirken. Verweilen Sie hier und lenken Sie Ihre ganze Aufmerksamkeit immer wieder auf das, was mit Ihnen genau an dieser Stelle passiert. Hier waltet ein aktiver Zeit-Tunnel, eine klassische Raum-Zeit-Schranke. Und das, was wir Jungbrunnen nennen, ist nichts anderes als Zeitlosigkeit, ein Ort, an dem der Zeitfluss den eigenartigen irdischen Gesetzmäßigkeiten nicht mehr obliegt …

Verjüngen Sie sich, denn die Zeit »läuft« hier anders als sonst.

Lesen wir unter diesem Aspekt des Zeitsprungs die Sage vom Hirsch, die dem Ort seinen Namen gegeben hat. Sie findet sich auf einer Tafel im Felsengestein, ganz genau da, wo »es« wirkt!

Es ist eine Luchs-und-Hirsch-Sage. Der flüchtende (also in Zeitknappheit gebrachte) Hirsch soll sich hier oben, weit über unseren Köpfen, durch einen kühnen Sprung (Sprung über die Zeitengrenze, denn der Luchs ist ein listiger Zeitenstehler) gerettet haben.

Wenn wir das Gefühl haben, erfrischt und kraftvoll zu sein, biegen wir, direkt nach dem Hirschsprung-Massiv links um den hohen Felsen. Dort beginnt ein einladender Weg Richtung Sturmannshöhle. Diese Höhle, bald so alt wie die Erde selbst, beherbergt in großer Tiefe einen reißenden (Zeiten-)Fluss und die Energie dieser gewaltigen Unter-

Wasser sind auch an der Oberfläche allgegenwärtig.

Interessant ist, dass die Richtung dorthin als Königsweg ausgeschildert ist. Der königliche Weg!

Nach sanftem Anstieg durch weich bemoosten Wunderwald schwillt ein Urtosen entfesselter Wasser aus der Tiefe der Erde und der schallsteigernden hohen Überhänge. Der gewaltige Ton steigert sich schließlich zum entfesselten Crescendo: Dann sind wir da.

Links, hoch oben über unseren Köpfen, stürzen sich ungebändigte Gebirgswasser in die Tiefe, sie zerstäuben auf unzähligen Steinen, Felsformationen und Moosflächen – bis sich alles, in ein felsenes Bett gezwängt, unter der massiven Brücke, die uns bebend trägt, wütend durchzwängt, für einen Moment gezähmt unter jener Königsbrücke, auf der wir soeben stehen und transformiert werden. Genau hier.

Fällt Ihnen der Wächter-Felsen zur Rechten der Bewusstseins-Brücke auf? Ein Dolmen, gut drei Meter hoch, den niemals die Natur allein hier so hergestellt hat. Ein Bewusstseins-Stein, den unsere wissenden Ahnen ganz genau am magischen Ort aufzustellen wussten, damit wir, Besucher aus der so genannten Jetzt-Zeit, uns hier in alte und mächtige Gedankenformen einloggen können.

Es ist ein magischer Platz für Eingeweihte, eine Zeitschleuse.

Lassen Sie sich darauf ein und Sie sehen dann die zahllosen Quellen, die aus dem gebirgigen Waldesboden sprudeln, anders und neu.

Passende Übung:
Der Zeitensprung beim Hirschsprung: Ich gehe in die Knie, spanne meine Beinmuskeln an und schnelle mich über ein imaginäres Nichts. Dabei versuche ich, stets an »Jetzt« zu denken. Das ist schwer, denn immerzu drängt sich wieder das »Wann?« auf.

Wann war/ist/wird sein ... gerade noch, vorher, bald, nachher ... Kommen Sie immer wieder zum »Jetzt« zurück.

Welche neuen Gedanken lasse ich heute zu?
Schon in der Kirche St. Barbara begegneten wir der Keltenkultur. Mir ist klar, dass die Energie vorher schon da war. Die Schöpfung, deren Eiszeit und mächtige, Erdwissen speichernde Urseen bildeten magische Kräfte, die dann meisterhaft wie niemals mehr in der Folgezeit von wissenden keltischen Druiden entdeckt, gehegt und verdeckt weitergegeben wurden.

Immer mündlich, ohne schriftliche Aufzeichnungen. Doch das Wissen ist noch da. Verbinden Sie sich am Kraftort mit längst vorhandenen Gedankenformen! Und wundern Sie sich dann nicht, wenn Sie plötzlich ein Wissen haben, von dem Sie doch gar nichts wissen können.

Ausgangspunkt: Kirche St. Barbara in Tiefenbach. Am Friedhof vorbei, abbiegen, links zwischen Apsis und Totenhaus beginnt der Weg.
Länge: Drei bis fünf Kilometer. Man sollte schon Wanderlust mitbringen.
Anstieg: Sanfte Hügel auf und ab. Kein wesentlicher Anstieg.
Einkehr: Überall im Allgäu. Gehobene Küche Hotel Tiefenbach.
Anfahrt: Ab Autobahn München A 96 Richtung Lindau, bei Buchloe Richtung Süden bis Kempten, nicht nach Kempten hinein, sondern vorher Richtung Sonthofen, Oberstdorf. Ein kurzes Stück vor Oberstdorf, hinter Langenwang, rechts abbiegen Richtung Tiefenbach. Immer der Breitach entlang. An einer Kreuzung wieder rechts, Anstieg hoch, beim »Gemeindeplatz« ist die Kirche rechts oben unübersehbar.

3

Martinszell an der Iller

Kosmische Urkraft erfrischt die feinsten Zellstrukturen

»Du musst nach Martinszell im Allgäu, da gibt es eine Energieplatte im Boden ... und wenn man genau auf diesem magischen Fleck steht, dann ...«

»Dann was?«

»Dann kribbelt es in den Fingerspitzen und auf den Fußsohlen. Du meinst glatt, du stündest auf einem elektrisch geladenen Metallteil.«

So schwärmerisch lobend klang es mir lange Jahre in den Ohren, bis ich erfuhr: »Martinszell? Da ist nichts mehr!«

»Warum?«

»Die bekannte Kraftplatte wurde beseitigt wegen eines Stauwehres.«

Stimmte nun das eine oder das andere? Die einzige Antwort darauf konnte ich mir nur selbst geben, indem ich hinfuhr.

Wenn man ab Kempten in südlicher Richtung fährt, nimmt die Kraft zu, das hat diese wundersam hebende und magische Gegend so an sich.

Nicht umsonst haben hier spirituelle Gruppierungen immer schon ein Eldorado gefunden: geomantisch, ideell abgehoben, ahnenbedingt aus Urtiefen der Erbmasse gesteuert – hier ist einfach alles komprimiert spür- und erlebbar.

Und dann die Höhenluft. Die Spätzle nicht zu vergessen, Schupfnudeln und Flädlesuppe. Ich gebe zu, bekennender Allgäu-Fan zu sein.

Fährt man also ab Kempten und Waltenhofen weiter Richtung Immenstadt, dann kommt bald ein Schild, das die abrupte Abbiegung links hinunter nach Martinszell ausweist.

Nun erwartet uns eine Wechseldusche der Ortsenergien: mahnend bei dem Kreuz, das die Abbiegung und den Wegsuchenden zu schützen scheint; dann, synchron zu unserem wortwörtlich nach unten führenden Weg, sehr erdende Energien. Dies nimmt zu bei einem Landgasthof mit äußerst erdenden Preisen und steigert sich meterweise bis hin zur Kirche.

Wir sollten dies Gotteshaus mit einem Turm, der wie in ein Sumpfloch gesteckt wirkt, unbedingt aufsuchen, denn sogar der Mittelgang zum Altar hin ist nach unten geneigt und eine Schwarze Madonna tut das Übrige, um den Jungbrunnen-Pilger auf das ihn erwartende kosmische Urerlebnis am Illerwehr vorzubereiten.

Die recht sonderbare Schwarze Madonna im rechten Seitenaltar, dem so genannten »Gnadenaltar U.L.Fr.v. (= Unserer Lieben Frau von ...) Einsiedeln« hebt augenblicklich die Laune des hier Verweilenden. Vielleicht fördern dies die links- und rechtsgedrehten Säulen, in deren Magnetfeld die Gesamtschau unserer Himmelskönigin integriert ist?

Schwarze Madonnen haben stets den »starren Blick«. Und genau dort, wo dieser Blick hinfällt, ist oft des Rätsels Lösung zu erwarten. In diesem Falle sind es steinerne Wappen, bei denen augenfällig das Winkelmaß dominiert.

Einstimmend auf unser Jungbrunnen-Erlebnis wirkt auch der Haupt-Altarraum der Kirche, und zwar jener Teil des sakralen Gebäudes hinter (!) dem durch das II. Vatikanische Konzil vorgezogenen Altar ...

Genau hier wabert die Kraft spürbar: wie ein Pulsieren der Geistesluft, des Äthers: hebend, verjüngend, veredelnd, linksdrehend. Und dann das Taufbecken! Es steht kurioserweise ebenda, wo zumeist der (richtig platzierte) Altar, der Tisch Gottes, sein sollte.

Immerhin gibt man hier dem Taufstein, mit weiser Geometrie in Stein gemeißelt, die Ehre. Die Blume des Lebens ist ein überall wiederkehrendes

Motiv, in geheimer Symbolschrift der MerKaBa offenbart sich die Transparenz dessen, was wir Zeit nennen – und dies mitten im die Erdkräfte ausnützenden Zeitenloch dieses sensationellen Altarraumes.

Der Tabernakelschrein vorn ist mit der Raute geschmückt, dem Herrschaftszeichen Bayerns. Auch der Heilige mit dem Winkelmaß in der einen und dem Lilienstab in der anderen Hand rechts vom Altar hat ein Rautenzeichen über dem linken Knie.

Kirchen sind die ideale Vorbereitung für den Besuch eines Kraftplatzes. In ihrer Ruhe gelingt es, zunächst den eigenen Standplatz zu bestimmen, um sich dann ganz der Kraft eines Platzes zu öffnen.

Eingestimmt und geomantisch zentriert, suchen wir nun den berühmten Kraftplatz an der Iller, jenen klassischen Ort der Kraft, der bereits kurz nach der Wende des 19. ins 20. Jahrhundert für Furore sorgte.

Dazu müssen wir nur die Hauptstraße weiterfahren, immerzu, wie bereits gewohnt, nach unten, dem Illertal zu. Wir gelangen zum Ortsausgang von Martinszell, fahren jedoch nicht über die Illerbrücke, sondern biegen vorher noch nach rechts ab.

Dann, unmittelbar darauf, geht es wieder links einen schmalen befahrbaren Weg entlang, wir haben nun das monumentale Illerwehr direkt vor uns, stehen am Sonderter Weg, rechts die Alte Mühle lädt zum Parken des Wagens ein.

Wer ab hier auf das Wehr und damit »die Stelle« zugeht, der wird sich wundern über oft gehörte Sätze und Aussprüche wie: »Da gibt es keinen Kraftort mehr, seitdem das Wehr gebaut worden ist!«

Von wegen.

Irgendwo in der Mitte zwischen der etwas dunkel energetischen Mühle und einer Bank, die am vorderen Ende der flachen Plattform unmittelbar im Angesicht der tosenden Wasser der Iller steht, da passiert es: ein Kribbeln, Ziehen, ein Sich-zentriert-Fühlen, ein Abhebenwollen ... Einfach unglaublich.

Man muss es selbst erlebt haben!

Gehen Sie den Weg und probieren Sie es aus. Unweigerlich spüren Sie die Urkraft des Bodens und des Kosmos.

Ein kleiner Tipp: Unmittelbar neben dem heilenden, verjüngenden, energetisierenden Platze findet sich ein Stein mit dem sonderbar starr blickenden göttlichen Auge, das inmitten eines gleichschenkligen Dreiecks aufgemalt ist.

Die Dachschindeln bilden elf Stufen. Darunter folgende Zeilen:

»Verweile U. Denke An Den Schöpfer Unserer Natur Hilf Mit Sie Zu Erhalten.«

Passende Übung:
Wer Lust und Laune hat, kann nun mit den groß geschriebenen Anfangsbuchstaben spielen und sie variieren. Ich bin auf ein wunderbares Gebet mit dem unaussprechlichen Namen des Schöpfers von Himmel, Erde, Raum und Zeit gekommen.

Welche neuen Gedanken lasse ich heute zu?
Die Urkraft des Bodens und des Kosmos durchdringt mich und gibt mir das Gefühl, mit allem verbunden zu sein. Sie dringt bis in meine Zellen und ich fühle, wie sie mich bis in die feinsten Zellstrukturen neu belebt.

Ausgangspunkt: Das Mühlhaus rechts direkt vor dem Wehr. Die Straße macht hier einen Rechtsknick; der Fußweg führt geradeaus zur großen Wehranlage – und zum Kraftpunkt.
Länge: Nur hundert bis zweihundert Meter. Man sollte, wenn der Punkt gefunden ist, verweilen. Erst dann entfaltet sich die Kraft nachhaltig.
Anstieg: Keiner.
Einkehr: Gasthof-Hotel »Zur Tanne«, unmittelbar bei der Weiterfahrt nach Immenstadt, wieder an der Hauptstraße.
Anfahrt: Ab Autobahn München A 96 Richtung Lindau, bei Buchloe Richtung Süden bis Kempten, nicht nach Kempten hinein, sondern vorher Richtung Sonthofen, Oberstdorf. Nach Waltenhofen kommt bald das Ortsschild Martinszell (links abbiegen).

4
Der Weidenweg bei Schlehdorf

Urkraft und verjüngende Gedanken

Mindestens einmal im Jahr, zumeist zu Zeiten des späten Sommers, wenn die große Hitze vorbei ist und einem ruhigeren Licht Platz macht, Licht später Erkenntnis, das zum Verweilen auf stillen Bänken einlädt und die Gedanken des Frühjahrs ordnen lässt, dann zieht es mich nach Schlehdorf.

Und wer die Nonnen des Klosterladens der weitum sichtbaren doppeltürmigen Klosterkirche von Schlehdorf ansieht, wer diese gottbefohlenen Frauen vielleicht gar in ein Gespräch verwickelt und das Alter erfährt (»Wie bitte? Das ist doch unmöglich!«), der weiß, dass die gesamte Region hier ein Jungbrunnen ist. Der Pilger, der sich hier, zwischen Kloster und Seespitze aufhält, dabei sehr bewusst diese Urenergien aus Wasser und Fels zulässt, mit dem passiert etwas. Er tritt ein in anderes Zeiten-Sein: körperlich spürbar.

Wir wollen dem Naturphänomen bei einer Wanderung zwischen den verjüngenden Wassern nachgehen. Nach-gehen im wörtlichen Sinne.

Unser Ausgangspunkt ist der Parkplatz beim Fischerwirt, direkt an einer Linkskurve der Hauptstraße durch Schlehdorf, von Großweil herkommend.

Schon beim Aussteigen umfängt den aufnahmebereiten Besucher und wissenden Wanderer eine körperlich fühlbare Energie des Wohlseins. Echte Verjüngung hat übrigens immer mit Wohl-Fühlen zu tun, alles andere, vor allem das, was recht oft von wohlverdienenden Medizinern unter Anti-Aging propagiert wird, ist Stress, Eingriff in die Natur, Eingriff und Verletzung der Haut, des Körpers – und langfristig alt machend und unnatürlich.

Die Natur lässt sich nie betrügen und sie verschenkt so viel.

Wir sehen in einiger Entfernung das kolossale Wasserschloss des Walchenseekraftwerkes, wie es burgähnlich das Bergmassiv über dem Kochelsee dominiert. Immerhin ist dies die Wand, die Walchensee und Kochelsee trennt. In diese Richtung gehen wir und befinden uns sehr schnell auf einem unbeschreiblich schönen Weg zwischen Schilf, schlanken und ungewöhnlich filigranen, weißstämmigen Birken und in Feuchtigkeit gedeihenden, heilenden Gewächsen. Still liegt lichtspiegelnd rechts das Altwasser wie eine holländische Gracht mit wohltuend abladender Energie, links vibriert das Seele und Sinne hebende Feld voller hoher Gewächse, die den immer feuchten Boden brauchen und nur so gedeihen.

Bald kommt die erste Bank – jede der Bänke hier lädt ein zu mehrstündigem Verweilen und Träumen und Zulassen der Erdkraft. Geradeaus ginge es zum Bootshafen, wir folgen jedoch dem Schild »Seeweg/Motorboot« und gelangen so bald an eine der wirkungsvollsten Stellen Bayerns, einen magischen Ort, der still vor sich hin lebt und sein Vergnügen daran hat, wenn einer der Vorbeigehenden wissend und liebevoll darauf »eingeht«.

Vor einer Rechtsbiegung, die zum Anlegesteg auf einer kleinen Halbinsel führt, steht ein Holzkreuz, gut fünfzig Jahre alt, wie die Inschrift in dem dunklen, verwitterten Stamme verrät.

Stehen Sie hier! Stehen Sie einfach, sehen Sie dies Kreuz wissend, eine genial inszenierte Erdpfählung vor dem Panorama der Kraftwerkes und der schroffen Jochbergwand. Hier begreifen Sie, wie die Urkraft sich plötzlich eine Stelle des Friedens schafft.

Um die hier den Luft- und den Erdenraum,

ebenso den Äther beherrschenden Kräfte zu begreifen, sollte man die uralte Sage von den drei Jungfrauen kennen, die vor Zeiten von einer vorspringenden Kanzel auf der anderen Seeseite feine Schnüre und Fäden zogen, um in hellen Vollmondnächten nach Schlehdorf zu gelangen.

Diese Lebens-Schnüre (»Ver-Bindungen«) keltischer Druidinnen, die wohl das niemals einschlafende Ahnengedächtnis bedeuten, sind immer noch fühlbar – und an besonderen Tagen sogar sichtbar. Und es kann durchaus auch ein christliches Kreuz sein, das wissend an rechter Stelle die alte Erdenergie nach oben leitet und so die Zeit zeitlos werden lässt.

Derart belebend heilende keltische Urkraft auf der gegenüberliegenden Seeseite, den so genannten Felsenweg mit der magischen Kanzel, habe ich in dem Buch »Keltenkulte in Bayern« bereits beschrieben. Um die starken Energien hier zwischen Wasser, Birken, Schilf und sauren Wiesen zu begreifen, sollte man um die Birg gegenüber wissen.

Beachten Sie die beiden Bäume rechts und links des Kreuzes. Sehen Sie, wie betont bei einem so wissend gestellten Kreuz das Urmaterial Holz, also die pflanzliche Abstammung, hervortritt. Wie unten, so oben. Wie im Himmel, so auf Erden …

Nun schlängelt sich der Birkenweg am Wasser entlang, bis zur Linken die bekannte Hexenweide kommt, ein majestätischer, alter und wissender, aber urlebendiger, den Luftraum beherrschender Weidenbaum. Man fühlt förmlich bei diesem ehrwürdigen Baum-Lebewesen, wie Wasserkraft aus dem Erdreich gesaugt wird, sieht, wie sich etwa einen Meter über dem Boden ein in Holzstrahlen gedachter Kelch auftut, die Arme lichtholend in den Himmel gereckt, auch erkennt der suchende Zeiten-Wanderer, wie der Baum und dessen Schöpfer hier knapp über dem weiten Wurzelwerk einen natürlichen Thron bilden.

Bitte setzen Sie sich nur dann in den Weidenthron, wenn Sie mit extrem polarisierenden Energien umgehen können. Ich selbst habe es noch nie gewagt. Die Natur anerkennt solchen Respekt und eine konsequente Ehrlichkeit zu sich selbst.

Doch auch noch einen halben Meter vor dem Baume explodiert das elementare Feuerwerk aus Luft, Wasser, Erde, Licht-Feuer. Alles ist da, die fühlbare und sogar sichtbare Kraft steigt über dem Weidenthron senkrecht nach oben, ganz ohne spindelnde Drehbewegung, wie sonst so oft.

Weder links- noch rechtsdrehend. Himmelstürmend!

Gehen wir weiter. Derart aufgeladen hören wir

nun auch die eigenartig schnarrenden Stimmen, die zur späteren Sommerzeit über dem spiegelklaren Wasser liegen.

Wir gelangen nun an einen extrem abladenden Platz kurz vor der auenbildenden Einmündung der Loisach, die eine Sandbank in den See geschoben hat.

Hier kommt, wie in einem Prismenspiegel, alles zusammen. Gegenüber leuchtet der Jochberg in roter Abendsonne, links von ihm regiert das Kraftwerk, die mitreißende Energie der dröhnenden Fallrohre reicht bis hierher, rechts dräuend in tausend Rätseln der Herzogstand.

Nun, genau an dieser Stelle, wissen Sie, wie Sie sich in einer Zeitschleuse fühlen (können). Wenn möglich, baden Sie in den so ungewöhnlich klaren Wassern. Allerdings bitte nicht hier beim Schwemmkies, sondern etwas zurückgehen zu den lauschigen Bänken am Ufer. Auch im Sommer ist's erfreulich erfrischend. Über den Verjüngungseffekt werden Sie nur staunen.

Verjüngung heißt immer wieder auch: neu denken. Wie (in welcher Gesamtschau) sehen Sie nun die in weiter Ebene vor Ihnen liegenden Doppeltürme des Klosters? Was denken Sie sich soeben beim Zurückgehen?

Wie verhalten Sie sich zu der keltischen Urenergie am gegenüberliegenden Seeufer? Können Sie sich die Schnüre der drei Sagenfrauen auch auf die Kirchturmspitzen hinauf vorstellen?

Kuriose Gedanken machen jung.

Passende Übung:

Hier an der magischen Stelle, gegenüber dem Kraftwerk der Urenergie und dem keltischen Einweihungspfad, hebe ich die Arme in V-Form nach oben, sodass mein Körper die Lebensrune bildet. Ich bin der Lebensbaum. Ich verstehe das Kreuz neu und sehr positiv. Ich fühle, wie dynamisierende Vitalkraft in mich, in mein Kreuz, einschießt.

Und wenn ich das Gefühl habe, dass die Natur mir alles gibt, was ich schon lange suche, und dass die gebende Natur wie ein Sakrament in jedem Lebensabschnitt genau das Richtige bietet und schenkt, dann lasse ich dieses prickelnde Gefühl zu!

Welche neuen Gedanken lasse ich heute zu?

Die Welt ist inzwischen so verdreht, dass der Wahnsinn als normal erscheinen mag. Kraftorte und natürliche Jungbrunnen bringen zur Be-Sinnung. Die Natur bietet eine eigene, unkomplizierte, nicht mit Macht, Schuld, Vergebung, Sünde, fremdbestimmten Ritualen »arbeitende« Religion. Natur ist natürlich.

Ausgangspunkt: Parkplatz beim Fischerwirt, ziemlich am Ende der Ortsdurchfahrt Schlehdorf, von Großweil her kommend, vor einer scharfen Linkskurve.
Länge: Ungefähr zwei Kilometer.
Anstieg: Keiner.
Einkehr: Entweder Fischerwirt oder eine der Gaststätten, die ab Großweil bis hierher wie an einer kulinarischen Perlenketten aufgereiht sind.
Anfahrt: Ab München Autobahn Garmisch, nach Ausfahrt Sindelsdorf Ausfahrt Kochel am See. Dann durch Großweil, Unterau nach Schlehdorf. Am Ende der Ortsdurchfahrt, statt der Linkskurve zu folgen, einfach geradeaus, genau Richtung See. Parkplatz unübersehbar.

5

Eitzenberger Weiher bei Iffeldorf

Ein Moorsee zur Gesundung und eine Wunderkapelle

Jugend wird zumeist mit Schönheit gleichgesetzt, zeitlose Schönheit der Landschaft garantiert im Umkehrschluss wiederum Jugend. Wer sich in die entrückende Schönheit des Osterseengebietes begibt, wer diesen unvergleichlich federnden Boden unter den Füßen schwingen und raunen spürt und die Energie und Strahlung der Seen und Waldstücke in kräftigen Zügen atmet, der bekommt eine Ahnung, was der in Bayern schnell gebrauchte Ausdruck »Himmel auf Erden« bedeuten mag.

Jene enormen Erdkräfte, die hier den Besucher in den Bann ziehen, sind geologisch erklärbar und damit nicht weniger faszinierend. Die Landschaft wurde geprägt von so genannten Toteisblöcken, die gegen Ende der letzten Eiszeit liegen geblieben sind – tiefe Quellgumpen, aus denen erdiges Wasser pulsierend entströmt; unverbaute Uferbereiche mit lebendiger Flora und Fauna, Moore, Streuwiesen, naturnahe Wälder mit alten Geheimnissen. Und alles birgt und spendet Ruhe, eine Art Urstille, die spätestens nach Abschluss der Badesaison hier ihren angestammten Platz zurückerobert, Ruhe, die immer schon war und wohl auch immer sein wird.

An solchen Plätzen wird klar: Die Natur braucht uns Menschen nicht, hat uns auch noch nie benötigt.

Wir haben die Autobahn bei Iffeldorf verlassen und finden schon beim Ortsschild von Iffeldorf die scharfe Abzweigung nach rechts, eine Art besseren Ziehweg, der zu dem geheimnisvollen Weiher und der Einöde mit Namen Zist führt.

Die schmale Wegstraße schlängelt sich durch Wälder, weite Wiesen und auch an einem Golfplatz zur Rechten vorbei.

Dann öffnet sich urplötzlich die Landschaft zu einer weiträumigen, harmonischen Senke, die den Eitzenberger Weiher, einen kleinen Moorsee, schützend umfängt. Wir finden einen Grasparkplatz und staunen vielleicht beim Aussteigen über die zu jeder Tages- und Jahreszeit hebende und erhebende Energie, die uns hier positiv und unausweichlich gefangen nimmt.

An diesem Ort ist besonders die stille Wirkweise des geistig-energetischen Austausches erfahrbar, naturmagische Vorgänge, die nur von wenigen Menschen bewusst wahrgenommen werden. Die Landschaft beeinflusst unseren Stoffwechsel und auch unsere Seele.

Die Energie des Mooses und das im Bodenwasser einbeschriebene Wissen mindestens einer Eiszeit, all dies beeinflusst uns körperlich. Das Toteisbecken schwingt – und wir schwingen mit, ob uns das bewusst ist oder nicht.

Wir atmen, denken, reden anders und wer nicht besonders geschult ist, empfindet diese Blitz-Transformation als erquickende Entspannung oder gehobenes Freizeit-Gefühl.

Ein bewusstes Eintauchen in jene Wasser bedeutet mehr als nur Badegenuss. Also los. Bereits im Frühsommer eignet der Eitzenberger Weiher sich zum meditativen Schwimmen, denn das Moorwasser ist stets einige Grad wärmer als das der übrigen Gewässer im Fünfseenland.

Bereits beim Eintauchen fällt die unverwechselbare samtseidige Weichheit auf, ein wohliges Streicheln auf der Haut begrüßt den Schwimmer, die gelbbraune Moorfärbung lässt uns beim Schwimmen den eigenen Körper nur teilweise sehen und erkennen. Faszinierend und zugleich unheimlich.

Dahingleiten, Zug um Zug – nichts denken, gar nichts – nur das Gurgeln des Wassers hören – eins werden mit dem See, dem uralten Becken der Eiszeit – der spürbaren Magie des Ortes.

Kundige Freunde von mir, die den Eitzenberger Weiher seit Jahren zur Gesundung aufsuchen, haben ihn »Lake Spirit« getauft. Die Bezeichnung trifft den Nagel auf den Kopf, denn es handelt sich um ein Wasser von besonders hoher geistiger Energie, die hier erlebbar ist und sich als fühlbar auswirkt.

Wer nicht baden will oder kann, dem wird auch schon ein Verweilen oder Wandern im näheren Umfeld des Weihers helfen, denn die Schwingung des Ortes ist überall zu spüren.

Man muss sich auch nicht mit Energie auskennen oder bestimmte Verhaltensregeln beachten. Die Energie wirkt so oder so – ob wir an sie glauben oder nicht. Einfach göttlich.

Ein idealer Abschluss dieses Tages an dem magischen Moorwasser wäre ein Besuch der Heuwinkl-Kapelle bei Iffeldorf.

Wir fahren dazu den Ziehweg zurück, den wir zum See genommen haben, biegen dann rechts nach Iffeldorf und dann auf dieser Landstraße gleich wieder links ab, Richtung Murnau.

Die Rundkuppelkapelle winkt uns schon im Süden, steht unverkennbar mit der Kuppel und zwei kleinen Zwiebeltürmchen auf einem Hügel, dem »hey bichl«, auf dem schon im Jahre 1672 der Pfarrer Bartholomäus Wölz das Bildnis der »Lieben Frau in einer hohlen Eiche« zur Verehrung aussetzen ließ. Es handelt sich also um einen klassischen Wunderort in Bayern.

Bald finden wir einen Parkplatz am Fuße dieses magischen Hügels und schreiten sehr bewusst die alte Kastanienallee nach oben, immer auf das Portal des Rundtempels zu.

Die alte Bezeichnung Bichl lässt auf einen Bühel, einen Keltenhügel schließen. Solche alten und versiegelten Energien sind hier im Umkreis überdeutlich spürbar, der starke Linksdrall aller Kastanienstämme sticht ins Auge.

An all den magischen Orten in Bayern, auf Wunderwegen, in Zauberkreisen und Geheimwissen bewahrenden Kapellen, auf Wunder zulassenden Energiefeldern, Drachenpfaden und Kreuzungen energetischer Gitterlinien – stets finden wir linksdrehende Energien, vor allem aber an alten Zauber- und Hexenquellen und an Jungbrunnen.

In der esoterischen Literatur oder im Gespräch mit Kundigen wird zumeist »rechtsdrehend« als positiv und heilend genannt. Ich habe allerdings die gegenteilige Erfahrung gemacht. Wobei »links« nichts mit okkult, negativ oder macht-magisch zu tun hat; es handelt sich dabei vielmehr um eine besonders starke Form geistiger Wirbel, denen die Pflanzen dann als sichtbares Zeichen nachwachsen. Derart starke Energien haben die Kraft, zu heilen und zu verjüngen.

So stehen wir also vor dem Portal des Kirchleins, das so harmlos bayerisch wirkt, letztlich jedoch ein Tempelritter-Wissen birgt.

Wir werden, wie so oft, feststellen, dass die Energien im Inneren des Gotteshauses überraschend schwach sind (während der Wintermonate bleibt die Heuwinkl-Kapelle gänzlich geschlossen; den Besucher erwarten Rocaille-Stuck der Wessobrunner Schule und zwei Votivtafeln). Links neben der Kapelle jedoch, also auf der kleinen Wiese an der nördlichen Wand, genau da ist der Punkt zu finden, um den es geht.

Gehen Sie hin, erproben Sie. Seien Sie selbst die Wünschelrute, es gibt kein besseres Mutungsgerät als den eigenen Körper, der hier frische Lebensenergie aufnehmen kann.

So aufgeladen und verjüngt können wir nun, den Hügel zurück, dem Wanderweg über das weite Feld nach Süden folgen. Dabei haben wir immer die gesamte Alpenkette vor Augen – Zugspitze und Ettaler Manndl tun sich besonders sichtbar hervor.

Wir gelangen bald auf eine kilometerweite Wiese

mit schwarzschwerer Moorerde, ausgesprochen abladend und deshalb auch ermüdend. Alles zieht nach unten. Deshalb sollte man das Areal nur bei stabiler seelischer Verfassung betreten.

Lassen Sie hier Ihren seelischen Müll ab, sprechen Sie in den Wind, was Sie belastet, lassen Sie den Gedanken- und Seelenschrott in die Tiefe der Erde fahren. Das erleichtert – und verjüngt.

Ideal wäre im Anschluss eine Rückkehr zur Rundkapelle, also wieder eine Aufladung, oder in warmen Sommermonaten ein abendliches Bad im Moorweiher, bei dem wir die Einweihung dieses Wunder-Wander-Wandlungs-Tages begonnen haben.

Abends im Bett werden Sie spüren und wissen, wie dieser Tag Sie verändert hat.

Passende Übung:
Das Gebiet um den Eitzenberger Weiher zieht durch seine erdigen, moorigen Energien stark nach unten, hin zum Erdmittelpunkt – es erdet. Gleichzeitig trägt uns das Moorwasser und hilft uns, die Erdkraft zu überwinden – es gibt also eine spür- und nachweisbare Energie, die aufwärts gerichtet ist und dem Licht entgegenstrebt.

Ziehen wir, auf der Moorwiese stehend oder neben der Heuwinkl-Kapelle, die Erdenergie an einem gedachten Seil nach oben, die passende körperliche Bewegung ergibt sich von selbst.

Im warmen Sommer: Rückenschwimmen im Weiher und »sich treiben lassen«. Nichtstun ist mit die schönste Übung …

Welche neuen Gedanken lasse ich heute zu?
Wasser hat ein Gedächtnis, dies ist inzwischen sogar wissenschaftlich nachgewiesen.

Wir schwimmen oder stehen am Moorsee im Toteisbecken und fragen die altdunklen Wasser: »Wie war das damals?« Oder wir sehen staunend in sternklarer Nacht das himmlische Funkeln im Wasserspiegel und erkennen: wie oben – so unten.

Die Antworten, wie wir sie erhalten, beinhalten meist mehr Weisheit, als wir in solchen Momenten verarbeiten können. Und niemals vergessen: Ein liebender Gott war immer schon da und hat die Geheimnisse der Schöpfung genau so gewollt, wie sie sind/waren/sein werden.

Was immer wir finden und was uns durch das stille Raunen der Natur offenbar wird, es ist die Sprache des Schöpfergottes, der uns so wollte, wie wir sind.

Ausgangspunkt: Der kleine Wiesenparkplatz oberhalb des Eitzenberger Weihers. – Für Heuwinkl-Kapelle: Parkplatz des Friedhofes unterhalb des Kapellenhügels.

Länge: Um den See etwa ein Kilometer, Kapellenwanderung mit Moorfeld ein bis zwei Kilometer.
Anstieg: Zum See ein Abstieg ca. fünfzig Meter; Kapellenhügel ca. hundert Meter.
Einkehr: Im Sommer gut geführter Imbiss-Stand am Weiher, einige gutbürgerliche Wirtschaften in Iffeldorf.
Anfahrt: Ab München Autobahn A 95 Richtung Garmisch, Ausfahrt Penzberg/Iffeldorf, rechts ab Richtung Iffeldorf, vor dem Ortsschild scharf rechts ab Richtung Zist, am Golfplatz vorbei, bald erscheint links unten der malerische Weihersee.

6
Jenhausen bei Magnets(!)ried

Heilender Lebensfluss in der Nähe der Pilgerkirche

»Und da, in dieser Richtung, entspringt der Grünbach, jener unergründliche Jungbrunnen, der mit mehreren mystischen Gewässern ringsum zusammenhängt«, erklärt mir eine ortsansässige Frau. Wir stehen auf der Schwelle der Mariä-Himmelfahrts-Kirche in Jenhausen, einem magischen Punkt in Oberbayern, der auf unvergleichlich treffende Art alles vereint, was über »magische Orte« im Schnittpunkt des Energieliniengitters gesagt werden kann.

Die Kirche steht auf einem uralt keltischen Hügel inmitten der traumverlorenen malerischen, sanft moränenhügeligen Landschaft zwischen dem Starnberger See und den Osterseen. Im Süden öffnet sich der Blick auf die Alpenkette. Dieser gottselige, heilige Ort der Einkehr und Heilung bildet also ein fast klassisches Postkartenmotiv. Doch für den, der die Sprache des Ortes lesen kann und der die Kräfte fühlt, ist Jenhausen wie eine Wunderdroge.

Die Anhöhe, auf der die Kirche steht, hieß Kirchbichl. Dies ist ein Hinweis auf keltische Kultkräfte (Bühel, die Anhöhe, der Kultberg, der Weltenhügel). Auch wird von einem Wunder erzählt, durch welches die Steine der Kirche hierher gebracht worden sein sollen. Und auch von einem Thingplatz, einem alten keltischen Kultplatz in der Nähe von Hapberg ist die Rede. All dies zeugt von den Energien und Schwingungen dieses Ortes und seiner Umgebung, den wir nun erfahren wollen.

An Jenhausen ist alles Jungbrunnen, im materiellen und geistigen Sinne; nicht nur das heilende Wasser, wie es in Sichtweite durch den Wiesengrund läuft und den schönen Namen Grünbach trägt, auch die Kirche ist eine Art Zeitentor, also ein Ort, der zur Vergangenheit denselben Zugang hat wie zur Zukunft.

Ursprünglich war die Kirche der Schmerzhaften Mutter geweiht. Dieses Patrozinium wurde jedoch bald von positiver Himmelfahrts-Energie der gnadenvollen Gottesgebärerin überlagert. Hier ist nichts von Leid zu spüren, ganz im Gegenteil. Alles zieht nach oben, alles heilt.

Der Weg hoch zur Kirche auf dem Keltenhügel bedeutet bereits eine kleine Einweihung. Über den Gottesacker führt der Pfad, an einem Beinhaus an der südlichen Kirchenseite vorbei. Dieses Beinhaus ist in seiner Art einmalig im Pfaffenwinkel.

Und dann die Gralsschale, wie sie in jenem kleinen Tempel für Knochen abgebildet ist! Solch ur-okkultes Arrangement ist ein deutliches Zeichen, dass das Wissen der Ahnen hier lebendig und erlebbar bleibt.

Wer feinfühlend ist, kann auf der hölzernen Schwelle des Gotteshauses einen sanften Ruck spüren, der Körper und Seele gleichermaßen erfasst.

Betrachten wir dann die Bilder und Embleme im Inneren der Kirche: Arche, Phönix, Pelikan, Lebensbaum. Klare Motive des Überlebens und Heilens zugleich. Links an der Kanzel und damit der weiblichen Seite der Kirche, die Taube, vorn neben mehreren Heiligen Petrus mit der Schlüsselgewalt – immer ein Zeichen, dass hier ein Geheimnis verborgen ist und darauf wartet, entschlüsselt zu werden. Über dem Altar dann erneut im Kreuzigungsbild ein deutlicher Hinweis auf Lanzenstich und Gral. Linksdrehende Energie über dem Taufbecken, dazu Georg, der mit seiner Lanze die Erdenergie pfählt.

Dass wir uns auch direkt auf dem bayerischen Streckenabschnitt des Jakobsweges befinden, zeigt ein Bildnis des heiligen Jakob.

Zumindest hat diese eigenartig in dunklen Rätseln sprechende Figur im linken Seitenaltar alles, was zu Jakob gehört: Pilgerhut mit Muschel, weit geschnittener Wandermantel mit flatternden Schulterklappen, Pilgerstab, Wasserflasche, zwei Muscheln auf der Brust – und sogar den Hund, der den Weg bewacht.

Zum Erkennen des Geheimnisses, auch des Jungbrunnen-Geheimnisses, gehört immer auch das Schweigen, das Nicht-Sagbare, das nur erfahren werden kann. Hier in der Himmelfahrtskirche auf altem Keltenhügel ist es ein sehr christliches Motiv, das uns dieses gemahnt: Am rechten Seitenaltar finden wir Jesus mit dornendurchbohrter Lippe. Diese sehr seltene Darstellung folgt einer alten, zumeist vergessenen Tradition des bildhaften Darstellens. Der bedeutendste Eingeweihte, der alles Wissen und alle Macht nur im Dienste der Menschheit gebrauchte, büßt hier stellvertretend für uns alle.

Für den Fühlenden offenbaren die abwechselnd links-rechts-wirbelnden Erdkräfte (eine Art Wechselstromgenerator der Erde) eine Geheimsprache des Wissens und Heilens.

Bevor Sie sich nun dem erdigen Bach unweit des heiligen Hains nähern und die verjüngende Kraft des Wassers in sich aufnehmen, sollten Sie einen Moment auf der Schwelle innehalten, staunen, zulassen.

Magische Orte wirken nur für den, der da ist. Dasein hört sich einfach an, ist jedoch meist schwieriger, als man zunächst annimmt. Seien Sie da, ganz bewusst an diesem Ort.

An der südlichen Friedhofsmauer findet sich auch eine Sitzbank, die an Lieblichkeit und Ausblick über weit geschwungene Wiesenhügel und schließlich die Alpenkette kaum zu überbieten ist.

Bewusst habe ich die Kirche und deren All-Symbolik vorangestellt, bevor Sie nun zu Wasser, hier zu einem heilenden erdgebundenen Lebens-Fluss selbst gehen.

Der Lauf des Grünbaches ist nicht gleich zu finden, doch wer oben an der Kirche in Ruhe verweilte, hat ihn sicherlich entdeckt. Die fließenden Energien, ätherisch und auch materiell, zeigen sich auch am Wuchs der Ufergewächse.

Nehmen Sie das Auto oder Rad und fahren Sie die wenigen Minuten, bis Sie den kleinen Fluss an einer erdgebundenen Brücke erreicht haben. Ideal ist es, zu Fuß zu gehen – etwa zwanzig Minuten, immer den lockenden Energien nach. Wenn Sie wollen, quer über die Wiesen bis zu der Brücke.

Ich musste lange auf der Brücke weilen und in die Gumpe des erdigen rotbraunen Baches starren, weil der Blick auf eigenartige Weise gefangen wird.

Es ist dies eine ganz besondere Stelle, die sehr schwer mit Worten zu beschreiben ist, weil sie augenblicklich die Kraft des eigenen Unterbewusstseins nach oben bringt. Das kann manchmal ganz schön anstrengend sein, jedoch auch anregend und inspirierend.

Nach einer gewissen Zeit stellt sich eine Ruhe ein, die mit dem steten Dahinfließen des Wassers identisch ist.

Ich habe damals beim ersten Besuch der magischen Brücke drei Kamillen-Pflänzchen liebevoll ausgegraben und an einen Ehrenplatz meiner Dachterrasse verpflanzt. Sie grüßen mich jeden Morgen und wispern: »Gesundheit ist ganz umsonst, es braucht nur Dankbarkeit!«

Passende Übung:
Ein Platz der Offenbarung und des Schweigens zugleich. Da jede geistige Haltung durch eine entsprechende körperliche Übung Ausdruck finden kann nach dem Prinzip der Entsprechung, tun wir es: Legen wir die Finger auf den Mund! Die entsprechenden Gedanken stellen sich von selbst ein.

Welche neuen Gedanken lasse ich heute zu?
Aus der diskret vertriebenen Schrift eines Geomantiekreises, der sich aus Ingenieuren und Bau-

meistern zusammensetzt, geht hervor, dass die Templer das spezielle Wissen um den Bau gotischer Kathedralen mit nach Europa brachten.

Dieses Wissen findet sich ebenso an solchen Kirchen Oberbayerns, die sich für den nicht vorbereiteten Besucher durch eine scheinbare Idylle und Höhenlage verraten. Man wählte Drachenrücken, Gebirgskämme, Fluss-Schleifen, Keltenhügel mit besonderer Erdkraft. Diese Urkraft der Schöpfung ist heilend und verjüngend.

Neue Gedanken, die wir zulassen (wollen), sind also zugleich sehr, sehr alte Gedanken.

Ausgangspunkt: Irgendwo in Sichtweite des Jenhausener Weltenhügels mit der Kirche. Man sollte diesen gewachsenen Zeittunnel wirklich zu Fuß erkunden, um die Wirkung über sich er-gehen zu lassen.
Anstieg: Gering. Etwa hundert Meter insgesamt.
Einkehr: Wenig in der Nähe. Am besten nach Penzberg weiterfahren. Dort gewachsene Altstadt-Lokale.
Wer's teurer und blickintensiver mag, dem sei eines der Starnberger-See-Ufer-Lokale empfohlen.
Anfahrt: Ab München Autobahn Garmisch A 95, Abfahrt Seeshaupt, hier weiter nach Magnetsried (Richtung Weilheim), in Magnetsried Richtung Norden, bald kommt, weithin sichtbar und fühlbar, auf traumverloren schöner und erhebender Strecke, das Bergkirchen-Ensemble von Jenhausen.

7
Die Roseninsel im Starnberger See

Ein Tor zur zeitlosen Anderswelt

Der Ortsname Feldafing ist, so stimmen die Quellen überein, mit Sicherheit bajuwarischen Ursprungs. Die früheste erhaltene Urkunde stammt aus dem Jahre 1116. Hier wird Rudolfus de Veldofingen erwähnt, er muss ein Ministeriale des Grafen Berthold von Andechs gewesen sein.

Tatsächlich stellen wir fest, dass hinter der Chiffre »Bajuwarisch«, hinter dem Symbol der Raute oder der Farbkombination von Weiß und Blau viel mehr steckt als Folklore und Heimatkunde.

Wir begegnen Herrschaftswissen, entdecken sehr bewusst installierte und gelebte Macht und bewusst herbeigeführte Heilung, vor allem jedoch auch atemberaubende Zeitverschiebungen – dazu gehören auch Verjüngung und der spirituelle Jungbrunnen.

Macht und Machterhalt haben immer mit Gesundheit zu tun und mit dem Bewahren jugendlicher Spannkraft. Keiner kann langfristig Macht ausüben, wenn er den ihm verliehenen Körper nicht beherrscht und damit seine ureigene Position im Zeitengefüge.

Dies als Einstimmung zum magischen Verjüngungsareal in Feldafing. Heute schwingt uns ein ebenso lockender wie verlockender Park des geheimnisvollen Meisters Linné ein auf das, was den feinfühligen Sucher und Pilger auf der magischen Roseninsel im See erwartet.

Schon der Fährmann! Diese Art des bedächtigen Übersetzens ist zelebrierte rituelle Langsamkeit. Alles stimmt. Und alles stimmt ein. Das stille, fast lautlose Übersetzen in die Anderswelt der Insel (tatsächlich handelt es sich um die Anderswelt der keltischen Mythologie), die nicht immer zugänglich war und ist und um die sich geheimnisvolle Sagen und verschwiegene Begegnungen ranken. Die Anderswelt existiert gleichzeitig zur materiellen Realität. Sie ist immer da. Wir leben nach dieser keltischen Vorstellung sozusagen in zwei Welten, im Diesseits und in der Ewigkeit. Jungbrunnen sind Tore in die Anderswelt. Durch sie erleben wir unsere wahre Natur.

Auf der Roseninsel dominiert zunächst die rätselhafte königliche Villa, die König Maximilian II. in den Jahren 1851 bis 1853 bauen hat lassen.

Hier traf sich später Ludwig II., ein wahrer Kenner magischer Orte, mit Kaiserin Sisi. Immerhin schwamm oder ruderte die schönste Monarchin Europas von ihrem Schloss Possenhofen bis hierher, um sich am rechten Ort mit einem wirklich interessanten Menschen über wirklich interessante Dinge zu unterhalten. Beide wussten viel. Vielleicht zu viel. Schließlich wurden beide umgebracht.

Die Insel ist bis heute ein Ort der Einweihung. G. A. Horst schrieb in seinem Wanderbuch »Der Starnberger See«, dieses magische Eiland ruhe »einer Perle gleich« auf der blauen Fläche des Sees. Damit hat er Recht, heutige Luftaufnahmen bestätigen dies.

Die Perle und ihr samtseidiger, tiefgründig schöner Abglanz ist an Faszination und weiblicher Symbolik kaum zu überbieten.

Die Perle wird gebildet in der Muschel. Damit sind wir zum einen bei dem entscheidenden Symbol des Jakobsweges, zum anderen sind wir jedoch auch mitten im Dingsymbol des Jungbrunnens. Die Muschel will gesucht werden in der bergenden Tiefe des Urelements Wasser, sie öffnet sich nicht jedem und sie verschenkt das Wertvollste, was sie geben kann, nur dann, wenn die Zeit stimmt. Wenn die Zeit stimmt, ab-gestimmt ist mit jener mysteriösen Stimmgabel des Ewigen, dann schwingt das »Sein im Immer« und Altern bleibt ein in solcher Welt unbekannter Begriff.

»Wörth« ist ein keltisches Wort und bedeutet grüne Aue. Man findet die Bezeichnung nicht nur auf der Roseninsel, sondern auch in Frauenwörth am Chiemsee, Wörth am Staffelsee, Wörth bei Grafrath, Wörth am Wörthsee ... Es zeugt von einem lebendigen Ahnenkult.

Stellen wir uns in die Mitte des mehrkreisig zentriert angelegten Rosengartens östlich der Villa – oder auf den Altarraum der alten Kirche. Er ist, genau nördlich des Rosengartens, als Grundriss auf dem Boden im gemauerten Stein gekennzeichnet.

An beiden Stellen kann man Außergewöhnliches erleben, vielleicht einen verjüngenden Energieschauer. Dies sind Schnittstellen mehrerer Drachenlinien oder Schlangenpfade: Der Haupt-Kreuzungspunkt ist genau im Zentrum des Rosengartens durch eine blaue Glassäule »gepfählt«. An beiden Stellen wird Ihnen schwindelig, Sie glauben fast, Ihre Sinne funktionieren nicht richtig. Alles dreht sich ...

Kein Wunder. Denn hier zu stehen, wohlgemerkt bewusst neben dieser magischen blauen Säule im Zentrum mehrerer Kreise zu stehen, nahe einem wohlgesetzten Pfahl, der die Energien der Erde und des Kosmos gleichwohl von oben wie auch von unten holt und zusammenschließt (kurzschließt), bedeutet nicht nur die sinnliche und beglückende Erfahrung des magischen Ortes – es bedeutet die Erfahrung von Macht. Sie stehen im Zentrum der Macht.

Einer Macht, die sich nicht nur auf Bayern erstreckt, einer all-umfassenden Macht.

Welche Art von Macht das ist, verraten Ihnen Ihre Gedanken, die sich hier unweigerlich mit einem höheren Wissen verbinden. Ihre Gedanken werden transformiert. Sie lernen, die Zeit zu missachten. Ihre Gedanken werden jünger. Das dieses Eiland umspülende Wasser tut das Übrige …

Betrachten Sie das Wasser oder gehen Sie baden. Denken Sie in Ihrem gereinigten Geist bewusst liebevolle und heilsame Gedanken. Die erfrischende Wirkung wird nicht ausbleiben.

Falls Sie noch Zeit haben, gehen Sie danach in den kleinen Museumsladen am Eingang der alten Kirche. In einer der Glasvitrinen werden Sie die druidische Seherin aus dem »Grab der Seherin« bei Mühltal, Nähe Leutstetten und Karlsberg entdecken.

Es ist eine Rekonstruktion des Jahres 1894 von Julius Naue (1832–1907), dem Geschichtswissenschaftler, der das mysteriöse Grab der Seherin inmitten von 29 Hügelgräbern bei Mühltal/Gauting entdeckt, beschrieben und ebenso berühmt gemacht hat.

Passende Übung:
Ich sehe und beobachte alles, was mir auffällt, und ich mache mir meine Augen und deren unbändige Seh-Kraft bewusst. Ich sehe, dass ich sehen kann. Und mir wird klar: Jugend (oder alles, was wir zumeist darunter verstehen, ist An-Sichts-Sache. Mit der Vorstellung der Anderswelt ist die Zeit aufgehoben und damit jede Vorstellung von Alter und Tod.

Welche neuen Gedanken lasse ich heute zu?
Betrachten Sie meditierend und zeitlos die Raute. Versenken Sie sich über dem Rautenmuster, dem Hoheitszeichen Bayerns. Ist Ihnen aufgefallen, dass Sie dabei fortwährend mit den Spitzen aneinander stoßende Pyramiden vorfinden?

Ausgangspunkt: Anlegestelle des Fährkahnes zur Roseninsel im Linné-Park von Feldafing am Westufer des Starnberger Sees.
Länge: Die Insel ist nicht allzu groß: Bei vielem Hin- und Hergehen und Erproben der magischen Punkte nicht mehr als ein Kilometer. Dazu kommt der etwa viertelstündige Weg vom Parkplatz zur Fähren-Anlegestelle.

Anstieg: Keiner.
Einkehr: Auf der Roseninsel keine Möglichkeit, auch kein Imbiss-Stand – Gott sei Dank! Mir persönlich schien nach dieser Erhabenheit des Ortes und der Begegnung mit der Seherin von Mühltal das Schlosshotel Oberambach (gegenüberliegende Seeseite) ideal. Es passt energetisch durch keltische Wurzeln. Andere Möglichkeit Unterzeismering (siehe bei Deixlfurter Seen).
Anfahrt: Ab München Autobahn Garmisch bis Abfahrt Starnberg, durch Starnberg hindurch, dann am Ortsende das Schild Richtung Feldafing nicht verpassen. In Feldafing Richtung Seeufer/Dampfersteg, einen der zwei Parkplätze am Beginn des Parks aufsuchen, zu Fuß zur Anlegestelle der Fähre.

8

Die Würm bei Mühltal

Eine einweihende Energielinie

Nomen est omen. Das Wort Würm lässt, bis auf einen Umlaut, den Wurm allzu deutlich anklingen. Und tatsächlich schlängelt und windet sich das zumeist algengrüne Wasser der Würm exakt auf einem Drachenpfad und folgt seinem ureigenen, aus sich selbst gestalteten Lauf. Diese Schlangenlinie bildet eine energetische Verbindungsstrecke zwischen zahllosen magischen Orten rechts und links der naturbelassenen Ufer. Wenngleich solche Stätten heute auch einmal christliche Kapellen tragen mögen, wie etwa Leutstetten, Petersbrunn oder Einbettl, so sind die Kraftplätze doch meist keltischen Ursprungs.

Mehrere dieser Stätten, die derzeit aktiviert sind wie nie zuvor, habe ich bereits in anderen Büchern beschrieben, etwa die Karlsburg bei Gauting, die keltische Vierecksschanze nahe Buchendorf und das Grab der Seherin inmitten des Hügelgräberfeldes direkt in Würmnähe bei Mühltal. Und in einem harmonischen Rundbogen umkreist der geheimnisvolle Fluss, der vor Urzeiten ebendieses magische, von schmelzenden Eiswassern gestaltete Würmtal entstehen ließ, den Karlsberg, jenen südbayerischen Blocksberg, auf dessen oberem Plateau sich bis heute kultische Gruppen treffen.

Wenn wir die Würm selbst mit ihrem magischen Wasser besuchen wollen, die trotz ihres (tertiären) Alters an vielen Stellen ein sich ständig selbst neu gebärender Jungbrunnen ist, eben weil diese alten Energien zeitlos sind und der Seinszustand Zeitlosigkeit einen menschengeprägten Begriff wie »Alter« sinngemäß relativiert, sollten wir einige Gedanken über die bewegte geologische Historie anklingen lassen:

Das Würmtal ist ein malerisches Juwel. Wer die Straße entlangfährt von Planegg bis Starnberg, dem tut sich nach jeder Kurve ein neues staunenswertes Naturbild auf. Dieses uralte, sich stets selbst mit den Jahreszeiten neu hervorbringende und ewig wandelnde, dennoch unwandelbare Schöne kommt nicht von ungefähr, sondern aus dem tiefdunklen, matten, jedoch nicht blinden Zeitenspiegel sehr, sehr alter Erdgeschichte.

»Architekt Eiszeit« ist bei Recherchen oftmals zu lesen, denn entscheidend für die Bildung der gesamten Voralpen-Landschaft und damit für das energetische Feld der sich später formierenden

Würmtallandschaft war das Tertiär (65 Millionen bis 2,5 Millionen Jahre vor unserer Zeit). Während dieses langen Zeitraumes folgten mehrere Eiszeiten, deren zeitliche Einordnungen variieren (700 000 bis 10 000 Jahre vor unserer Zeit).

Man kann solch enorme Zeiträume vielleicht berechnen und bestimmen, vorstellen kann sie sich kein Mensch. Dennoch ist es möglich, sich meditierend hineinzuversetzen, den Atem der Erdgeschichte aufzunehmen und sich in alte Gedankenformen einzuloggen.

Nach dieser Kälteperiode, die unser aller Leben und Denken und auch Fühlen heute noch prägt, stauten sich Wassermassen geschmolzenen Eises und suchten, den Gesetzen der Natur und deren unbändigen Kräften gehorchend, den Abfluss über die Wälle der Endmoränen.

Daraus ist u. a. das Würmtal entstanden. In dieser Zeit geschah es übrigens auch, dass Eisblöcke undenkbaren Ausmaßes, die von der Gletscherzunge getrennt worden waren, als »Toteisblöcke« liegen blieben. Viele der kleineren Kesselseen entstanden so: der Weßlinger See oder der Eitzenberger Weiher nahe den Osterseen – und natürlich die magischen Wasser der Osterseen selbst.

Das Würmtal ist eine sich schlängelnde und den Wanderer Meter für Meter einweihende Energielinie. Es wurde aus sich selbst verzehrenden Gletschermassen, die sich nach Norden schoben, gebildet und folgt in seinem Entstehungsprozess dem hermetischen Gesetz von Ursache und Wirkung.

Wir sind, von München-Pasing her kommend, an der Karlsmühle vorbei und finden dann, nach einer scharfen und fast kreisförmig ausgestalteten Kurve, den Parkplatz an einer erweiterten Stelle des Flusses. Dort, bei der breiten Brücke, parken wir und fühlen schon beim Aussteigen die wundersame, aus Urzeiten aufsteigende Kraft des Ortes und der gesamten näheren Umgebung.

Stellen Sie sich zunächst einmal einfach neben das still fließende, sanft glucksende Wasser. Die Würm ist in diesem Bereich manchmal recht breit und bildet malerische Inseln, von denen jede ihre ureigene Geschichte erzählen will. Betrachten Sie das Naturschauspiel und achten Sie auf die Gedanken, die Ihnen in den Sinn kommen. Bestimmen Sie Ihren eigenen Stand-Punkt.

Wer im Lesen vorhandener Gedankenformen noch nicht so geschult ist, kann sich fragen: Welche Menschen waren hier? Wann? Warum? Wie lange? Weshalb? Was haben sie gedacht, getan, hinterlassen?

Nach einigen Minuten öffnet der Geist sich für Denkweisen und Bilder, die nicht aus einem selbst kommen. Dies ist eine interessante Erfahrung, die in archaischer Natur klare, brauch- und verwertbare Ergebnisse zeitigt.

Ich kenne die Stelle bei der Brücke seit der Kindheit und habe sie immer wieder sehen und spüren wollen. Die Botschaft dieses magischen Ortes überrascht stets aufs Neue.

Versuchen Sie, sich an so einem Ort jung zu denken. Spielen Sie mit verjüngenden Gedanken, visualisieren Sie und übergeben Sie alles, was Ihnen Stirnrunzeln bereitet, dem gurgelnden Wasser. Und vor allem: Fragen Sie hinterher Ihre Begleitung, wie Sie aussehen.

Wer die Brücke überquert, für den eröffnen sich zwei wunderbare Wanderungen. Nach links in den so genannten Zauberwald, nach rechts, sanft ansteigend neben dem Würmufer, zum Karlsberg. Lassen Sie sich treiben, führen. Egal, wo Sie ankommen, es stimmt. Zuerst kommen Sie bei sich selbst an, dann beim Mitmenschen – und letztendlich bei Gott.

Passende Übung:
Schauen. Die Augen aufmachen. Dies klingt etwas einfach, meint jedoch: nicht nur die wunderbare Landschaft betrachten, sondern sehend werden. Die Welt hinter der Welt ist an manchen Stellen des Würmtals bisweilen sicht-bar. Sie können sich zur

Unterstützung auch vorher an einer flachen Stelle des Flusses die Augen waschen oder im Sommer bewusst ganz in das Wasser eintauchen.

Welche neuen Gedanken lasse ich hier zu?
Im Würmtal lassen sich vorhandene Gedankenformen nutzen. Seien es Gedanken der Schöpfung oder der Eiszeit, seien es kultisch verankerte Gedanken keltischer Priester, wissender Druiden, die der Naturmagie der Würm dankbaren Tribut zollten, an bis heute noch strahlenden Stellen.

Für die praktisch Veranlagten: Denken Sie sich jung!

Ausgangspunkt: Parkplatz an einer stillen Brücke über die Würm, wie im Text beschrieben.
Länge: Ab hier kann auf der gegenüberliegenden Würmseite beliebig lange »Kraftort-gewandert« werden. Ich empfehle den Weg nach rechts (Süden) Richtung Karlsberg mit Karlsburg.
Anstieg: Unwesentlich. Der Karlsberg ringt einigen Atem ab, doch nicht lange. Das Ziel lohnt.
Einkehr: Gaststätte Mühltal, von einem Druiden bewirtet!
Anfahrt: Ab München (Planegger Straße, südlich, Richtung Starnberg), durch Gräfelfing, Krailling, Gauting. Nach der Reismühle zur Linken kommt bald eine Waldstrecke in unmittelbarer Flussnähe, dann nach der scharfen Rechtskurve (Volksmund: Heide-Kurve) links der Parkplatz.

9

Rundgang um den Weßlinger See

Heilendes Wasser im Alteisloch

Um die Ortsmagie des Weßlinger Sees und der näheren Umgebung zu erkunden und zu erfahren, scheint es sinnvoll und notwendig, die alte Sage von der Gründung der Wunderkapelle Maria Grünsink zu betrachten.

Der Graf von Seefeld, ein leidenschaftlicher Jäger, kam bei einer Hatz in einen sinnlosen und entfesselten Jagdrausch. Und so trieb es ihn wortwörtlich vom Wege ab. Materiell und spirituell. Der Graf folgte dem Wild hoch zu Ross immer tiefer in den Wald hinein. Als die weg- und steglose Gegend immer unwegsamer und undurchdringlicher wurde, da stieg er ab und folgte dem Wild zu Fuß. Dabei vergaß er Raum und Zeit, nicht nur allein deshalb, weil ihn Leidenschaft und Gier vor sich hertrieben, so wie er glaubte, das Wild zu treiben. Er gelangte in eine Zeitschleuse, deren Trichter auch heute noch wirkt.

Eine ausgiebige Kraftort-Wanderung in dieser

immer noch wildromantischen Landschaft und teilweise schwer zu begehenden Gegend von Schuifeld macht klar, dass in jenem magischen Areal, in dem viele undefinierbar dunkle und unbenennbare Kräfte zu verzeichnen sind, ganz schnell Ort, Zeit und vor allem Orientierung verloren gehen.

Dazu war hier vor hunderten von Jahren alles weitaus urwüchsiger, waldreicher, unwegsamer als heute. Es lebten damals noch Bären und Wölfe in freier Wildnis, deren reale und bedrohliche Existenz durch die geistigen Kräfte von Kobolden, Irrlichtern, Hexen, Gnomen, Zauberern und dunklen Erdwesen verstärkt wurde.

Die Nacht senkte ihren schwarzen Schleier, der Graf wusste nicht um die Stunde, auch nicht mehr um Woche und Jahr, er drohte verrückt zu werden vor Angst.

Das machte ihn demütig. Und er begann zur Jungfrau Maria zu beten: Falls er das Tal am Etterschlager Weg erreichen sollte, dann würde er aus Dankbarkeit ein Marienbild aufstellen, so schwor er in dunkler Verzweiflung.

Und tatsächlich wurde er erhört, fand den Pfad, der zur grünen Senke wies, dort sah er auch bald eine Herberge, die Einöde von Schluifeld, wo er die Nacht sicher verbringen konnte.

Am Morgen schenkte der Bauer ihm ein Marienbild, der dankbare Graf von Seefeld trug es in die geheimnisvolle Senke, bald wurde der eigenartige Ort ein Pilgerziel, Wunderheilungen stellten sich ein …

Grünsink ist in unmittelbarer Nähe des Weßlinger Sees. Dieser überschaubare Moorsee hat keinen Zulauf und keinen Ablauf und wird von geheimnisvollen Tiefenquellen gespeist. Die Umrundung ist eher ein kleiner Spaziergang. Alte Anwohner raunen: »Der See soll Spalten haben, hunderte Meter tief, zwischen denen das Quellwasser nach oben dringt …«

Von München kommend, führte uns die A 96 Richtung Lindau bis zur Ausfahrt Oberpfaffenhofen/Weßling, immer Richtung Herrsching. In Weßling bei der ersten Ampel links abbiegen Richtung Gauting, schon lädt eine Parkmöglichkeit ein, das Auto stehen zu lassen. Wie bei vielen magischen Orten ist es gut, sich dem Areal zu Fuß zu nähern. Nach einer kurzen Passage öffnet sich der Blick in einer Lieblichkeit, die jedes Mal wieder erstaunt. Der See liegt nicht nur da wie sonst ein See, er residiert. Auf den ersten Blick schon sind heilende Kräfte zu erkennen.

Haben Sie auf die Uhr gesehen? Das sollten Sie, denn die Zeit verrinnt hier anders …

Wandern Sie am Badeplatz vorbei in südlicher Richtung und gelangen Sie zu einem abgelegenen, dunklen, aber faszinierenden und das Unterbewusste augenblicklich aktivierenden Teil des Sees, den die Einheimischen »Karpfenwinkel« nennen. Tatsächlich ist der Weßlinger See reich an überaus mächtigen Karpfen, Aalen, Hechten – und den Sagenfischen, den Welsen, die sich hier, im tiefsten Teil des Altgewässers, besonders heimisch fühlen.

Dort beim Karpfenwinkel finden Sie abgelegene Bänke zum Meditieren, linksdrehende Spiralkräfte über den Wassern ebenso wie gegengesetzte Wirbel dem Erdreich zu. Der Weßlinger See ist ein spiritueller Erlebnispark an einem ausgewiesenen magischen Ort der Fünfseenplatte, man muss es nur wissen!

Wir gelangen bald, an der südlichen Seespitze, zum abgelegensten Teil des Karpfenwinkels, einem klassischen abladenden Platz, wie wir ihn auch von Kirchenbauten her kennen. Bei Sakralbauten wie dem Münchner Liebfrauendom nennt sich so eine Stelle zumeist Teufelstritt wegen der extrem nach unten weisenden Energien.

Hier stehen Sie tatsächlich im Dunkeln, zwischen hoch aufgerichteten und dicht belaubten Laubbäumen wie Buchen und Kastanien, aber auch Birken auf Kleininseln im Moorwasser; schützendes und schirmendes Blattwerk des Naturdomes über Ihnen und unauslotbare Urtiefe des Sees zu Ihren Füßen.

Tatsächlich besteht der Grund des Gewässers aus einem wohl für alle Zeiten undurchdringlichen und unerforschbaren Dickicht aus Schlamm und abgestorbenen Bäumen und Pflanzen. Und Urkräften, die spürbar sind.

Lassen Sie hier an dieser Stelle, was Sie bedrückt. Werfen Sie Ihre dunklen Gedanken in den See. Vielleicht tun Sie dies, indem Sie einen Stein mit Ihren Nöten besprechen und dann in weitem Bogen aufs Wasser hinausschleudern.

Nun sind sie weg, die geistigen Nöte. Wohlgemerkt: Nicht die Realität ist nun abhanden gekommen, sondern die angstvolle Art, die Realität zu sehen und damit verengt einzuschätzen.

Vielleicht klingt dies etwas einfach: Das Wegwerfen der Ängste, also die Befreiung von solch schlammdunklen Trugbolden des Daseins, bedeutet Verjüngung pur.

Wer Sorgen und Ängste hat, *wirkt* alt.

Man sollte nur vor einer Sache im Leben Angst haben: vor der Angst selbst. Nichts trübt so sehr den Blick auf die Schönheit und den Sicht-Klang des Daseins wie trübschattige Ängste. Lassen Sie diese Angst im Schlick des Karpfenwinkels, der den Seelenmüll wissend zu Humus transformiert, als Schlupfwinkel für Tiefenfische und damit für neue Lebensenergie.

Kaum haben wir den Tiefpunkt überwunden, hebt der Weg sich, geht gar treppan Richtung Westen.

Das Licht nimmt zu, was kein Zufall ist bei solch einem Einweihungsweg der Verjüngung.

Bald gelangen wir an eine Straße, die wir bald wieder zuliebe des sattgrünen Hohlweges zur Rechten verlassen, ein Pfad des Wissens, der uns direkt zum Seeufer bringt. An der düsteren Pforte des Turmhauses (das Tor des Wissens hat hier drei Spitzbogenluken und einen ehernen Klopfring mit ihn umwindender Schlange) vorbei geht es nun, auf lichten, hebenden Stellen, der Kirche zu.

Gleiten Sie in das samtweiche Wasser an diesem Tor zum Sein, finden Sie schwimmend jene Kräfte, die Sie immer getragen haben und tragen werden; tauchen Sie ein – wo immer Sie dies für passend halten. Erleben Sie die Taufe der Natur, des magischen Ortes.

Spüren Sie. Liebende Energie umfängt den Badenden. Fühlen Sie die Geborgenheit in der Natur, das Einssein mit dem Element Wasser und seiner heilenden und belebenden Information.

Erde, Wasser, Raum, Natur, Mensch und über, unter, neben und noch mehr in allem: Gott.

Gott ist der Verjüngungsfaktor schlechthin. Denn Gott ist Herr von Raum und Zeit. Wer sollte über die Zeit gebieten, wenn nicht Gott allein.

Schauen Sie auf die Uhr. Irgendetwas stimmt da nicht ...

Viel Freude, viel Segen bei der Verjüngungskur!

Passende Übung:
Es ist wohl kein Zufall, dass dieser See eine meterhohe Fontäne hat, die einem auftauchenden und ausatmenden Wal gleich verbrauchte Luft in hohem Bogen aus der Tiefe des Daseins in die Luft bläst.

Das tue ich auch. Bei allen Zweifeln über den Raum-Zeit-Tunnel atme ich kräftig die Luft des Ortes ein – und blase all die moorigen Schlacken des gewohnten und überkommenen Denkens von früher kräftig aus mir heraus.

Welche neuen Gedanken lasse ich heute zu?
Der Rundgang um den See samt der Zeitschleuse funktioniert, mit Einschränkungen, auch im Geiste. Ich muss allerdings mehrmals dort gewesen sein und mir die entscheidenden Punkte einprägen, sodass ich sie »im Kopf« abgehen kann.

Ausgangspunkt: Kleiner Parkplatz gleich links bei der ersten Ampel nach dem Ortsschild, von München kommend. Auch rechts der Hauptstraße, im Bahnbereich, sind manchmal Parkmöglichkeiten (eingeschränkt).
Länge: Ca. zwei Kilometer.
Anstieg: Keiner.
Einkehr: Seehof am See, Post in Herrsching. Am urigsten und unbedingt zu empfehlen: der kleine Kiosk am offiziellen Badegelände. Der dortige Inhaber ist eher Philosoph denn Gastronom: Zu einer kleinen Brotzeit gibt's hier immer die passende Unterhaltung.
Anfahrt: Ab München Autobahn A 96 Richtung Lindau. Bei Oberpfaffenhofen/Germering Abfahrt Weßling/Herrsching. Dort Parkmöglichkeit bei der ersten Ampel. Kurzer Fußweg zum See (5 Minuten).

10

Zauberquell bei Hochstadt

Transformation mit dem Wasser des Lebens

Unsere Freude an magischen Orten führt uns heute in ein Areal tief liegender Wiesen, eine wahre Hexenlandschaft von Moor und Schilf, verzauberten Stegen über kleine, äußerst wirksame Wässerchen … umgeben von Gehölzen klassischer Auenlandschaften wie Zauberbirken und still raunenden Weiden, alles gesäumt und gerahmt von mächtigen Eichen und Buchen.

Sie fahren von München aus nach Weßling, biegen jedoch unmittelbar vor dem Ort bei dem Kreisverkehr nach links ab, durchqueren Oberpfaffenhofen und gelangen nach Hochstadt.

Dort, bei der Hauptkreuzung und dem Schulhaus, geht's rechts zu Fuß einen einladenden abfallenden Weg in den Wald hinein. Ein hoher Hain mit dunklem Laub und dem fühlbaren Odem ferner Ahnen empfängt uns mit Willkommen und Mahnung zugleich. Erhebungen, Hügel, Gräben und auffallende Rinnen lassen uns an altes Keltenland denken.

Und bald gelangen wir an eine Quelle zur Linken, still im dunklen Grunde unberührter Natur fließend, ein Genesungs- und Jungbrunnen, dessen angemessene Fassung aus dunklem Stein im Wechselspiel zwischen Trog und Befestigung zum Hang hin die geometrische Form der so genannten Fischblase ergibt. Die Fischblase besteht aus zwei sich überlagernden Kreissegmenten, in Kirchen ist ihr oft die Christusfigur einbeschrieben, sie findet sich immer wieder in alten steinernen Taufbecken eingemeißelt, zumeist solchen aus romanischer oder gotischer Zeit. Für den Kenner und Liebhaber archaischer Symbolik liegt die so genannte Blume des Lebens zu Grunde, oft und in wissenden Büchern auch MerKaBa genannt.

An diesem so einfach gestalteten, in sprechenden Stein gefassten Waldesquell und Jungbrunnen sollten wir kurz über das verborgene Wissen des Grals nachdenken. »Die Gralstradition ist die Verkörperung eines Traumes, eine so allgemein gültige, allseits gebräuchliche Vorstellung, dass sie an hundert verschiedenen Orten als die Lehre von Sekten, Gemeinschaften und Individuen auftaucht«, schreibt der wohl beste Kenner John Matthews in »Der Gral«.

Der Gral steht für ein wohl durchkomponiertes Konzert von Urmythen und Ursymbolen, die, wie es das Symbol der Schale, des Kelches vermuten lässt, stets mit dem Wasser des Lebens zu tun haben.

Die Grals- und Jungbrunnen-Meditation an diesem Ort mit heilenden Wassern und der Blume des Lebens führt uns zu den berühmten Gralsinitianden, den Artusrittern: eingepflanzt in das Becken der Frau, geboren, verwandelt, geläutert, und nach dreitägigem Todesschlaf die Auferweckung (Erweckung!) und Auferstehung in ein neues Leben. Die Parallele zu Jesus Christus liegt auf der Hand.

Das Leben an sich, das unsterbliche Sein in Gott, wird hier erfahrbar. Seien wir offen für eine Läuterung und die Auferstehung in ein neues Leben.

So bleibt unser Dasein an diesem verborgenen Born hier im Wald bei Hochstadt nicht ohne Folgen. Wir gehen, besser, wir pilgern weiter hinein in ein sich bald auftuendes weites Feld, »weites Feld« in der direkten und ebenfalls in der übertragenen Bedeutung.

Der Wald entlässt uns in eine kilometerweite Senke bis zum keltischen Klausbühel nahe Delling. Wir wandeln wahrhaft auf Wasser, über moorige, so genannte saure Wiesen, ortsenergetisch geschieht uns ein Wechselbad zumeist abladender

Energien, die indes immer wieder von geomantischen Himmelsleitern, also nach oben reißender Wirbelenergie, ergänzt werden. Die Wirkung ist unbeschreibbar, doch sie verlangt nach körperlichem Da-Sein: hingehen, suchen, finden, staunen, transformieren.

Schließlich kommen wir, immer dem Weg folgend, kurz vor Delling in den Schilfbereich, der zumeist rechtsdrehend gepolt ist: ein weiter bergender Naturtempel der Liebe. Man spürt einen liebenden Gott, der dies alles bereitstellt, um uns zur Be-Sinnung zu bringen.

Passende Übung:
Grals-Übung – die Kelch-Hände. Bilden Sie mit beiden Händen eine Schale, halten Sie den Kelch hoch und warten Sie auf die Ein-Gebung.

Welche neuen Gedanken lasse ich heute zu?
Annehmen. Zulassen. Danken.

Ausgangspunkt: Bei der Hauptkreuzung des Ortes, gegenüber der alten Volksschule, beginnt rechts der Waldpfad.
Länge: Zum Zauberquell wenige Minuten, die anschließende Zeitschleusen-Tour ca. zwei Stunden.
Anstieg: Unwesentlich. Lediglich Erdverwerfungen und alte keltische Wallanlagen.

Einkehr: Gasthof Schuster rechts vor der Ortseinfahrt Hochstadt.
Anfahrt: Ab München Autobahn A 96 Richtung Lindau. Bei Oberpfaffenhofen/Germering Abfahrt Weßling/ Herrsching. Vor Weßling beim neuen Kreisverkehr links ab, durch Oberpfaffenhofen hindurch nach Hochstadt.

11

Die Pähler Schlucht

Ein verjüngender Naturdom

Wie in tiefster Nacht verborgen
Rauschen heimlich Zauberquellen,
Nie ergraute je ein Morgen
Über den verborgnen Wellen,
Und noch keinem ist's gelungen,
Ihren Ursprung zu belauern,
Doch dass manchen sie bezwungen,
Fühlen wir in bangem Schauern.

Joseph Freiherr von Eichendorff

Zauberquellen, verborgene Wellen und ein unergründlich, magisch und mystisch den Blicken und Sinnen entzogener Ursprung: eindrückliche Worte des großen deutschen Romantikers Freiherr von Eichendorff für das Wirken und Wollen des magischen Quells. Dies ist die letzte von achtzehn Strophen aus der Ballade »Die zauberische Venus«.

Und mir scheinen diese Zeilen des Venus-Textes eine ideale Einstimmung, bevor wir mit festem Schuhwerk den Wunderweg hinein in die Pähler Schlucht antreten. Sie nähren unseren Geist, begleiten unser Denken und bringen uns dem Wesen aller magischen Quellen und Jungbrunnen näher.

Am Anfang war das Wort. Das Wort leitete die Schöpfung ein und die Schöpfung hat als einen der Urgedanken die »heilige Geometrie«, also die Sechseck-Formation – des Kristalls.

Wasser wiederum besitzt kristalline Struktur. Und genau diese ideale Geometrie ändert sich, mit dem Wort, dem Klangbild, dem Bild überhaupt, der gesamten Schwingung. Der Japaner Masaru Emoto hat eindrucksvoll nachgewiesen, dass sich die kristalline Struktur des Wassers ändert, je nachdem, ob man liebevolle Worte spricht oder aggressive. Worte und Gedanken sind machtvoll und wir sollten uns dieser Macht immer mehr bewusst werden.

Wasser hat ein Gesicht und Wasser reagiert auf Worte. Gehen wir also in Eichendorffs Sinne zum Zauberquell.

Pähl, südlich des Ammersees, liegt an einer ausgewiesenen, in ost-westlicher Richtung verlaufenden energetischen Kraftlinie, auf der sich magische Orte besonderer Güte und Wirkkraft finden und perlenschnurartig aneinander reihen, wie etwa die keltische Fentbachschanze bei Valley, die Degerndorfer Wunderkapelle in der Nähe von Münsing, die Ilka-Höhe westlich des Starnberger Sees; schließlich Pähl selbst und weiter in westlicher Linie Raisting, die berühmte und weit ins Land und in den Himmel strahlende Satellitenbeobachtungs- und Bodenradarstation, unweit von Wessobrunn und des Hohen Peißenberges.

Entweder sind wir über Herrsching gefahren und dann ganz in der Nähe von Andechs nach Süden abgebogen oder aber wir erreichten Pähl über Dießen und den Schatzberg, also über das westliche Ufer des Ammersees.

In Sichtweite von Pähl dient als Orientierung immer die in den Himmel ragende Burg mit dem geheimnisvollen Turm. Und es wird klar, dass Pähl nicht umsonst wie »Pfahl« klingt. Denn immer wieder begegnen Kraftortbesucher dem Phänomen, dass magische Orte gepfählt werden, um die Energie der Erde (Drachenenergie) nach oben zu leiten. Das Drachenstich-Motiv zeugt heute noch davon. Und so ist sicherlich kein Zufall, dass die meisten »schön« gelegenen Kirchen und Kapellen auf uralte magische Orte gesetzt sind.

Pähl ist also erreicht, wir gehen oder fahren immerzu den Berg hoch, wir sehen die Schule, dann führt die Hesseloher Straße zum so genannten Gasteig (Gasteig = gacher Steig, steiler Anstieg).

Irgendwann finden wir ein Schild bei einem malerischen Grundstück. Die alte Schrift informiert über die Pähler Schlucht und über die Tatsache, dass dieses gesamte weitläufige Areal heute noch Privatbesitz ist.

Knapp unterhalb der wahrlich dräuenden Feste gehen wir, vom Felsen geradezu überschattet, nach rechts und passieren dann eine Art Felsentor. Der geübte Kraftort-Wanderer wird den Wächterfelsen rechts sogleich erkennen. Eine mächtige Buche mit malerischen Hochwurzeln steht wie zur Begrüßung. Gehen Sie hin, öffnen Sie sich für die Wunder der Natur, die hier auf Sie warten.

Der sanft geschwungene Weg zwischen ansteigenden, auch hoch aufragenden, bewachsenen oder wetterzernagten Nagelfluh-Formationen nimmt von der Seele Besitz, vor allem an sonnendurchwirkten Herbsttagen, wenn das Laub der Wälder in der Schlucht aufflammt. Sollte das Wort »Romantik« irgendwo zutreffen, dann hier.

Wer einen geschulten Blick hat, entdeckt bald zur Rechten, abseits vom Wege und dort, wo der Hang steil zu dem unten sich schlängelnden Flüsschen abfällt, eine Schwitzhütte. Hier, recht klug zwischen hoch ragenden Bäumen versteckt, finden regelmäßig Rituale statt, was an den wissend und weise zusammengestellten Hölzern sichtbar wird. Wer feinfühlig ist, für den sind die hier durchgeführten naturreligiösen Rituale vielleicht auch anderweitig erfühlbar und ahnbar.

Dazu passt auch die uralte Zaubermühle, die wir bald passieren. Stehende Wasser, alte Tümpel geben einen ersten Eindruck von dem Erlebnis, das uns erwartet. Allerdings ist dieser Platz hier äußerst abladend, mystisch verzaubert, in die Erde führend. Erdung vor dem Höhenflug.

Wir wollen jedoch zum Licht, denn Schönheit hat auch immerzu mit hellem Schein zu tun.

Und der Schein hält hier, was er verspricht, und trügt nicht. Da sind die dunklen Wasser um die Mühle. Dazu der sich verschlungen zu beiden Seiten des Flüsschens windende Pfad. Er ist teilweise so beschädigt, dass man immer wieder das Ufer wechseln muss, was bei der geringen Breite des fließenden Wassers nicht schwer fällt. Oft genügt ein beherzter Sprung. Festes Schuhwerk und kindliche Entdeckerfreude sind hier in der Pähler Schlucht unbedingte Voraussetzung.

Dann kommt der erste der kleinen Wasserfälle – man sollte eher von Wasserstufen reden. Die Ortsenergie nimmt, je mehr wir uns flussaufwärts, hin zu dem mysteriösen Gralstopf bewegen, stetig zu.

Wir steigen den manchmal unwegsamen Pfad entlang, der leicht nach oben führt. Das Wasser in der durch Jahrtausende gegrabenen Naturrinne läuft, plätschert und gurgelt uns entgegen. Es muss natürlich von irgendeinem Ort kommen, der höher gelegen ist als unser »Standpunkt«. Welche Gedanken kommen Ihnen beim Gehen? Es sind genau solche Überlegungen, die einfach scheinen und doch tief gehende Meditationen darstellen. Sie sind das Geheimnis eines jeden Pilgerns und bewusst geschrittenen Pilgerweges.

Die Art des bewussten Gehens bringt uns weiter – nicht nur körperlich, sondern auch geistig.

Im Falle des Stand-Punktes heißt es: Etwas Höheres existiert »über uns«; diese höhere Seins-Form will gefunden sein. Und keine Mühe scheuen, der Weg lohnt sich.

Denn urplötzlich öffnet sich vor uns ein bis zu dreißig Meter hoher Naturtopf, eine Schale mit senkrecht aufsteigenden Seitenwänden aus Nagelfluh-Gestein.

An der Stirnseite dieses mystischen Naturkessels, in dem das beständige Weihefestspiel wabernder Wasser waltet, fesselt ein magischer Wasserfall den verzückten Blick: Im freien Fall ergießt der Fluss sich, wie aus heiter-föhnigem Himmel über uns entspringend, stürzt sich kopfüber in die untere Mitte der Gralsschale, unserem »Stand-Punkt«.

Das dröhnende, alle wachen Sinne betörende Tosen der fallenden Wasser macht genau jene Energie hörbar, der wir hier ausgesetzt sind – sehr zu unserem Vorteil. Dieser federfeine und trotzdem majestätisch wuchtige Wasserfall erzeugt einen angenehm kühlenden Wind aus von oben her mitgezogenen Luftmassen, eine belebende Sauerstoff-Dusche der Natur, die durch den Körper und die Kleidung weit in die Seelenlandschaft hineindringt.

Und genau diese Energie haben wir gesucht und gewollt (oder hat sie uns gesucht?). Ich muss hier unweigerlich an den Heiligen Gral denken: das Finden des geheimnisvollen Gefäßes, das heiligt, heilt und verjüngt …

Ich habe im Laufe der Jahre öfters den Pähler Jungkessel besucht und weiß, dass die Wirkung nach etwa zwanzig Minuten einsetzt. Also, verweilen Sie eine Zeit lang hier, sehen Sie dem Wasserfall zu und lassen Sie sich in Trance versetzen oder denken Sie aktiv gute Gedanken, um dem Wunder zu begegnen.

»Die aufsteigende Vouivre als Kraft war ein Punkt, der in keiner Krypta mit einer schwarzen Madonna fehlen durfte. Es handelt sich um eine

Eigenheit im Magnetfeld (...), französische Geobiologen nannten die Stelle irreführend *puits druidique*, was druidischer Brunnen oder druidischer Schacht heißen kann«, schreibt Petra van Cronenburg in dem wunderbaren Buch »Schwarze Madonnen« (München 1999, S. 55).

Die Passage könnte für den Naturdom von Pähl gelten, ein wahrer Druidenbrunnen, ein Schacht des Lebens und der Jugend.

Denn hier im Naturdom von Pähl steht eine kybernetische Schwarze Madonna. Die Matrix der Urkraft des behütenden Weiblichen ist allgegenwärtig spürbar.

Wer die alten umgestürzten, vor Jahren vom Wasser in die Tiefe gerissenen Bäume untersucht, der findet eingeritzte kultische Runenzeichen. Etwa die Lebensrune, den nach oben geöffneten Weltenbaum. Zufall?

Wir wissen längst: Zufälle gibt es nicht. Und hier am magischen Ort schon gar nicht.

Wie sehr das gesamte Umfeld von keltischer Magie und uralten Keltenkulten geprägt ist, können wir erfahren, wenn wir später, als Abschluss des Jungbrunnen-Erlebnisses, zur Burg hochsteigen. Diese nämlich trutzt über mehreren eindrucksvollen Naturwällen einer so genannten Birg, also keltischen Kult- und Wetter-Anlagen, von wissenden Ahnen nur mit natürlichen Mitteln des Erdreiches errichtet.

Passende Übung:
Möglichst in der Mitte des Pähler Naturtopfes, im Angesicht des kühlenden Wasserfalles aufrecht stehen, Hände in V-Form neben dem Kopf nach oben wachsen lassen: die Lebens(baum)rune. Gleichzeitig beide Füße fest auf dem Boden spüren und die Linie zum Erdmittelpunkt imaginieren. So bilden wir eine vertikale Achse: wie oben, so unten – und umgekehrt. Für Momente sind wir der Weltenbaum.

Welche neuen Gedanken lasse ich heute zu?
Wasser und Wort beginnen nicht nur mit demselben Buchstaben, es gibt sehr viel mehr Verbindungen (Wortfluss …). Warum diese Nähe, warum solch fließende Übergänge? Was haben Wort und Wasser mit dem Leben selbst zu tun? Wenn wir hier das Wort »Wortfluss« wie eine Gebetsformel wiederholen, öffnet sich das Denken neu: Alles fließt.

Ausgangspunkt: Ende der Straße mit Namen Gasteig, nahe dem Grundstück mit dem Schild, das über die Pähler Schlucht informiert.

Länge: Ca. zwei Kilometer.
Anstieg: Anfangs ca. hundert Meter, dann immer wieder kleine Auf- und Abstiege, mit sehr wenig Höhenunterschied. Festes Schuhwerk.
Einkehr: In Pähl keine besondere (billige) Empfehlung möglich, doch der Weg bis zum Seerestaurant Wartaweil lohnt.
Anfahrt: München–Herrsching–Andechs. Vor Andechs nach einer lang gezogenen Linkskurve rechts ab. Immer Richtung Pähl. Wegen des weithin sichtbaren Burgschlosses auf dem hohen Felsen ist die Orientierung optimal.

12
Widdersberg

Die verjüngende Kraft heilender Hangquellen

Ein wichtiges Hilfsmittel zum Erkennen magischer Orte ist die Kenntnis des Kraftort-Linienfeldes in Bayern, speziell auf der magischen Seenplatte des so genannten Fünfseenlandes.

Nehmen Sie eine Karte und zeichnen Sie als zentralen Punkt – ich nenne ihn den Mittelpunkt Bayerns – *Perchting* ein. Der Ort liegt genau auf einer Linie, die im Osten mit Schäftlarn beginnt, gen Westen führend Percha kreuzt, dann den Ammersee überquert, die Keltenschanze von Utting genau trifft, darauf die Schanze von Finning und immer in schnurgerader Linie Landsberg am Lech erreicht.

Und genau auf dieser Linie, zwischen Perchting und dem östlichen Ammersee-Ufer, da liegt Widdersberg.

»Von Widdersberg ein Weib stockblind
Das Augenlicht zu Andechs find't.«

Und wieder können wir eine gerade Linie zeichnen: Germering – Weßling – Seefeld – Widdersberg – Andechs – Peißenberg – Bad Kohlgrub.

Machen Sie sich die kleine Mühe und zeichnen Sie diese Linien, denn so dringt das Bewusstsein viel tiefer in Sie ein. Die Linien ergeben nun ein magisches Dreieck Perchting – Seefeld – Widdersberg. Interessanterweise wird der Brunnen im Schlosshof von Seefeld von den Widdersberger Hangquellen gespeist ...

Wir erreichen Widdersberg am idealsten, wenn wir, von Seefeld kommend, die Staatsstraße zum Pilsensee weiterfahren und bei einer unübersehbaren steinernen Fischfrau-Figur, die genau am richtigen Punkt die Erde pfählt, nach links abbiegen.

Ab da geht es nicht nur körperlich-materiell nach oben. Fahren Sie (Erfahrung) oder gehen Sie (es ergeht Ihnen) diese sich schlängelnde »Burgstraße« hoch.

Bald taucht an einer Weggabelung eine kleine Parkmöglichkeit auf.

Schon beim Aussteigen ahnen Sie das verjüngende, energetisierende Wasser, dem sie gleich begegnen werden. Setzen Sie den Weg zu Fuß fort, Richtung Neuwiddersberg. So befinden Sie sich bald an der westlichen Seite des Widdersberger Weihers, einem hoch gelegenen Gewässer mit eigenartiger Strahlkraft. Dies ist kein Badesee. Von Fischern, mit denen ich sprach, wurde aber der Bestand an Schleien, Karpfen, auch Hechten gelobt.

Nun spüren und sehen Sie bald, dass Sie »zwischen den Wassern« weilen, denn rechts, weiter unten, glitzert der Pilsensee und zu Ihrer Linken liegt der moorige Widdersberger Weiher mit eigenartig dunkler, schwerer Energie.

Bald, an einer idyllisch gelegenen Bank, biegen wir links ein und befinden uns in einem lichten Laubwald. Wer feinfühlig ist, spürt jetzt schon den Quellengrund, den wir bald betreten werden. Wir sind im Hexenland, was abseits gelegene Schwitzhütten und Spuren sonderbarer Rituale beweisen.

Nun nimmt das Schilf zu, wir gelangen an genau jenen Punkt, der den Rückweg an der gegenüberliegenden Weiherseite beginnen lässt. Und unter dem Weg rauscht fröhlich der Quell …

Quellen überall! Nicht nur sichtbar, vor allem spürbar. Wir stehen im Jungbrunnen, wir baden, ohne körperlich im Wasser zu sein. Doch geistig-seelisch ist dies hier wie eine Taufe.

Taufe und Tauchen sind ein Wort: Eintauchen in die Zeitlosigkeit.

Hier wird erfahrbar, was »Jungbrunnen« bedeutet. Eintauchen, nicht unbedingt in das Wasser selbst, sondern in dessen vitalisierende Informationskraft. Und vielleicht ist hier, angesichts der Quellen, die auch Schloss Seefeld speisen, Raum für die alles entscheidende Feststellung: Wir altern nur, weil wir daran glauben. Weil wir das Falsche glauben. Weil wir das glauben (und dem kommt leider keiner aus), was uns seit Urzeiten eingeredet wird.

In unserer Gegenwart mit der allumfassenden Macht der Schulmedizin ist dies nicht besser geworden: Die verzweifelte Wortbauerei des Kompositums Anti-Aging zeigt doch nur, mit welchem Trotz wir uns auflehnen gegen etwas, was wir dennoch glauben: alt zu werden.

Hier, genau hier ist Zeit umzudenken: Warum altern wir?

Den tiefen Einblick in die Geheimnisse des magischen Ortes liefert, wie so oft, die Kirche. Dieser erhabene, seit der Hallstattzeit, also der jüngeren Epoche keltischer Energiearbeit, besiedelte Ort liegt an der Nordkante eines Moränenzuges. An ausgewiesen himmelsnaher Stelle ragt die Kirche St. Michael Widdersberg mit dem typischen Zwiebelturm in den Föhnhimmel. Ich brauche Ihnen wahrscheinlich nicht mehr zu erklären, dass Michael, ebenso wie St. Georg, stets der Drachenpfähler ist, also die Ableitung der positiven Erdkräfte nach oben.

In überkommen christlicher Auslegung: der Kampf gegen das Böse.

Und Michael, der Engelsmann mit dem Flammenschwert, regiert hier gleich doppelt: sowohl im Altarraum als auch im Deckenfresko.

»Sicut in caelo / et in terra«, so steht es breit und erhaben in einem aufgeschlagenen Buch des Chorfreskos. Eigenartig, dass dieses hermetische Urgesetz (wie oben, so unten) von dem Drachen, der Erdkraft also, in Pranken gehalten wird.

Mir kam die Zeile aus dem Vaterunser in den Sinn: »Wie im Himmel, so auf Erden.« Und unglaublicher Frieden machte sich breit. Der Himmel ist auch auf Erden. Das ewige Leben ist auch hier erfahrbar. Jenseits unserer angsterfüllten Vorstellung im tiefen Glauben an die göttliche Kraft. Warum altern wir? Weil wir in unseren Vorstellungen davon gefangen sind?

Wir sollten die Widdersberg-Einweihung »über den Wassern« Richtung Frieding-Andechs fortsetzen. Mit dem Auto, dem Fahrrad, zu Fuß. Auf der Straße nach Andechs erscheint bald ein magischer Stein mit einem Kreuz daneben. Sie sehen von hier aus, ganz genau im Süden, Andechs wie eine Gralsburg zwischen Himmel und Erde aufragen. Fahren Sie zur Kreuzung zurück, gehen Sie bei der Gabelung Richtung Frieding am besten zu

Fuß, um mehr zu spüren. Von weitem sehen Sie rechts einen Hügel mit dichtem Kastanienbestand. Besteigen Sie den kleinen Hügel. Sie spüren das Wasser unter sich und sehen auch an Einlassungen im Boden, dass Sie auf einem Wasserschloss stehen.

Erblicken Sie in einiger Entfernung halb links den Gegenhügel mit dem Handymasten? Gehen Sie hin und fühlen Sie die dortige dunkle Energie. Die Hauptantennenschüssel ist direkt nach Andechs gerichtet …

Passende Übung:
Ich stelle mir den überkommenen Begriff »Altern« wie Lehm vor, forme diesen sodann zwischen den Händen zu einer Kugel des Vergessens und schleudere das fiktive Unding weit, weit hinaus Richtung Widdersberger Weiher. Ich höre das Einplumpsen, Aufspritzen. Und dann die Ruhe. Ich selbst habe Ruhe, denn eine Lebens-Angst ist untergegangen. Ich stehe da und bin.

Welche neuen Gedanken lasse ich heute zu?
Aktivieren Sie Ihr Ahnengedächtnis: Wer war ich, als ich schon einmal hier stand? Und wann war es, da ich als der hier stand, der ich damals war?

Ausgangspunkt: Kleiner Parkplatz an der Burgstraße (siehe Anfahrt).
Länge: Bei Weihersee-Umrundung und neugierigem Suchen nach verborgenen magischen Punkten ein bis zwei Kilometer. Oben in Widdersberg von der Kirche St. Michael aus Wanderungen und Spaziergänge zwischen einer und drei Stunden sinnvoll. Je nach Laune und Neugierde.
Anstieg: Nicht nennenswert.
Einkehr: Urige Lokale in Kirchennähe, davon eines mit Namen »Sauhund«. Ein sicherer und gepflegter Tipp ist der kurze Weg zum Schloss Seefeld (Schlossschänke).
Anfahrt: Ab München Autobahn A 96 Richtung Lindau. Bei Oberpfaffenhofen/Germering Abfahrt Weßling/Herrsching. Durch Weßling hindurch, dann an Schloss Seefeld vorbei. Bald links hoch Richtung Widdersberg (Burgstraße). Irgendwann gabelt sich der Weg, Straße nach Neuwiddersberg; hier kleine Parkmöglichkeit in Weihernähe.

13

Mariabrunn bei Röhrmoos

Nicht nur die spätere Königin von Preußen fand hier Heilung

Nachdem wir Hebertshausen durchfahren haben und in Richtung Röhrmoos unterwegs sind, ist die plötzliche Abzweigung nach links, genau Richtung Westen, leicht zu übersehen. Eine schmale Straße führt über Felder und an dichtem Wald vorbei und lässt Besonderes vermuten.

Dann ist der Weg zu Ende und wir stehen vor einem ziemlich ausladenden Komplex archaischer Bauten mit dicken Mauern. Die Gesamtanlage erinnert an einen überdimensionalen niederbayerischen Viereckshof.

Und tatsächlich werden wir bald sehen, dass hier etwas Geheimnisvolles und Mysteriöses im Inneren der umbauten Anlage geschützt werden soll.

Wir beginnen den Gebäudekomplex rechts zu umschreiten und sehen plötzlich einen Rundtempel vor uns: Mariabrunn.

Der erste Eindruck ist der einer Templerkirche und vielleicht ist dieser Eindruck gar nicht so falsch.

Eine Rundkuppel (wer Templerkirchen wie Eunate auf dem Jakobsweg in Spanien besucht hat, der weiß um die Wirkung der Rotunde), eine Halbkugel als Dach und dieses wiederum von besonders lang nach oben gestrecktem, zweimal mit der Zwiebelform abgesetztem Turm überhöht.

Ich betrat die Kapelle zum ersten Mal, als die Sonne soeben untergegangen war, an einem himmelsklaren Oktobertag. Eine eigenartig kalte, schleichend-dunkle Energie vor dem Eingang und in der käfigartig vergitterten Vorhalle des Rundtempels empfing mich – sonderbar!

Mein Blick glitt über zahlreiche Votivtäfelchen an den runden Innenmauern und über das Marienbild des Altarblattes.

»Fahr unbedingt nach Mariabrunn bei Röhrmoos«, so klang die Empfehlung noch in meinen Ohren. Sollte das hier alles sein? Durchaus nicht.

Ich war schon an vielen Kraftplätzen, magischen Orten, auf Wunderwegen und aufgeladenen Feldern. Besonders da, wo Wasser fließt, an heilenden Quellen und Jungbrunnen, begleitet mich der Satz: »Der Ort nimmt einen mit.« Wenn ich mich auf einen Ort einlasse, geschieht etwas mit mir. Orte mit starker Energie sind Orte der Veränderung und um die geht es mir.

Kaum war mir das wieder bewusst geworden,

brauchte ich mich nur umzudrehen. Dort sah ich das eigentliche Geheimnis der Ortes. Nichts entspricht der Erwartung, aber das Wertvolle liegt da, wo jeder hinschaut – weil keiner richtig hinschaut!

Steht nämlich der Besucher vor der schweren Eingangstür, dann wartet in seinem Rücken, am nordwestlichen Teil des Innenareals dieser großen Vierecksanlage, eine wunderschöne und wundersame Marienstatue, betend, den Blick gesenkt, demütig und doch so würdevoll – und heilend.

Dort befindet sich die heutige Brunnenfassung der Quelle, derentwegen wir hier sind. Wo aber ist die Quelle? Zunächst sehen wir nur die Maria.

Wieder gilt: Nichts ist da, wo es erwartet wird.

Um die eigentliche Quelle, den Austritt des Wassers, zu sehen, muss der kleine, mit dichtem Efeu bewachsene Quellbau umschritten werden.

Dieser magische Ort der Verjüngung und des wundersamen Heilens befindet sich inmitten der umbauten Anlage. Alles hat hier seinen Sinn.

»Mariabrunn, du Ziel der hoffnungslosen Kranken, / du letzter Hort in schmerzerfüllter Zeit, / wer dich geprüft, wird nie im Glauben wanken / an deiner Wunderkraft und Herrlichkeit.«

Vielleicht ist in diesem Spruch, der sich an der Brünndlkapelle findet, ein Schlüssel zu genau diesem Ort der Transformation und Wandlung: Hoffnungslosigkeit verwandelt sich in Hoffnung; die schmerzerfüllte Zeit erhält ein Lebenslicht. Schließlich wird von der Wunderkraft und Herrlichkeit dieses Platzes berichtet, von dem Kraftfeld der Lebensenergie um die Quellfassung herum.

Wichtig bei einer Quelle ist also nicht nur das Wasser, sondern auch das Hingehen, das »Da-Sein«.

Was für ein Irrtum, dem die vielen Quellgänger, mit Wasserflaschen bewaffnet, unterliegen: Sie füllen ab, rauben die Energie, die so heilend wäre, so wunderwirksam, schleppen nach Hause, was sie hier »ohne Last« geschenkt bekämen.
Ist es nicht nahezu grotesk, wenn die heilende, helfende Energie, in Flaschen gesperrt, abtransportiert wird? Sicher, solche Quellen sind sauber, getestet, energetisch. Doch die Verjüngung, das Wunder wirkt hier, am beschriebenen Ort oder in unmittelbarem Um-Feld.

Kämen Sie jemals auf die Idee, das warme Sonnenlicht eines hellen Urlaubstages in eine dunkle Flasche zu füllen, um daheim in der Wohnküche davon nachzutanken?

So ist Mariabrunn kein Ausflug, sondern eine Einweihung. Deshalb die dunkle, abladende Energie, wo jeder zuerst hingeht. Denn Mariabrunn ist ein Ort der Reinigung, der Selbsterkenntnis, des Tief-Gehens.

Wer zum eigenen Ursprung zurückwill, der muss erst einmal alte Lasten abladen. Ähnlich wie bei einer Beichte. Erst danach ist die Reinigung und damit automatisch die Verjüngung, innerlich und äußerlich, vollkommen.

Mariabrunn ist ein Wallfahrtsort. Der Ursprung der Wallfahrt geht zurück auf die sonderbare Heilung des Holzhauers Stephan Schlairböck aus Ampermoching, der an einem Mittwoch im Juli des Jahres 1662 im sog. ›Gerichtsschlag‹ Holz gehackt haben soll. Vom Durst gequält, »hat er sich allda ein kleines Läckl (= Lacke, Pfütze, kleine Wasserstelle) ersehen, in welchem er ein wenig nachgegraben, daraus allsogleich ein schön klares Wasser entsprungen. Nachdem er nun seinen Trunck getan, ist der an seinem in die 18 Jahr lang gehabten Leibschaden (Bruch) alsobald hinweggefallen«, so berichtet eine kleine Schrift, die der Besitzer und Sachwalter des gesamten Areals, Dr. Florian Breitling, bereithält.

Die eben geschilderte erste Wunderheilung durch dieses überirdische Wasser mit so geheimnisvollen Kräften, sie blieb natürlich nicht ohne Folgen: Bald kamen die Pilger in Strömen und alle wussten um den heilenden oder zumindest seelisch hebenden

Effekt von Mariabrunn. Im 17. Jahrhundert ließ dann der Dachauer Landpfleger Georg Teisinger die immer bekannter werdende Quelle der Lebensenergie »bey zehn Schuech tief« fassen.

Nun wurde der Gnadenborn auch von seriösen Wissenschaftlern untersucht – und für gut befunden. Nebenbei gesagt: Eine Wunderquelle, die seit Jahrhunderten heilend und verjüngend hilft, kann in der Regel auf hochrossigen wissenschaftlichen Beistand gerne verzichten. Denn nichts ist so erfolgreich wie der Erfolg. Und der Erfolg heißt Heilung, Genesung, Verjüngung.

»1674 berichtet ›Ihrer kurfürstlichen Durchlaucht in Bayern Rat und Leibmedicus‹ Franz I. Thiermair, in einem ›Tractätlein‹ über die Vorzüge des Heilwassers (!) und vergleicht dessen Wirkung mit dem Bad Adelholzen bei Traunstein«, so die Archiv-Quelle. Und im Jahre 1790 werden die heilenden und verjüngenden Bestandteile des Wasser bereits akribisch beschrieben: »Kalkerde, Erdsalz, Ockererde mit Eisengehalt zusammen«, heißt es da.

Und dann folgte die Heilung einer prominenten Preußentochter! Das liebevoll gestaltete Faltblatt Mariabrunn darf stolz vermelden: »Große Tage kamen für das hübsche Waldbad, als König Max 1808 und 1809 seine Heilung suchende Tochter Elise Ludovika, die spätere Königin von Preußen

(Gattin von König Friedrich Wilhelm IV.) nach Mariabrunn begleitete, wo sie bald von ihren Leiden genas.«

So soll es sein. Eine richtige bayerische Quelle heilt auch preußische Königstöchter und behandelt alle Hilfe suchenden Menschenkinder gleich.

So richtig berühmt wurde Mariabrunn unter der »Doktorbäuerin« Amalie Hohenester, die den gesamten Besitz am 13. Januar 1863 gekauft hatte und bis zu ihrem Tode im Jahre 1878 das heraufbeschwor, was wir heute einen Boom nennen. Dennoch ist der Jungbrunnen bis heute ein Geheimtipp – nicht nur in Bayern.

Passende Übung:
Von dem Rundkapellenweg genau nach Süden gehen bis zu einem mit Efeu zugewachsenen Kreuz. Die dort enorm wahrnehmbare linksdrehende Energie mit Körperdrehungen nacherleben. Dann weiter bis zu einer Bank, die den Blick weit über das Land, bis München hinein, freigibt. Einfach nur hinsetzen und warten, welche Gedanken sich zeigen.

Welche neuen Gedanken lasse ich heute zu?
Nichts ist da, wo es vermutet wird. Der wahre Schatz ist da verborgen, wo alle hinsehen können und dürfen … und deshalb keiner wirklich sieht.

Ausgangspunkt: Kleiner Parkplatz am nordwestlichen Eck der Vierecksanlage, am Ende des Zufahrtsweges durch den Wald.
Länge: Ca. ein Kilometer, wenn der beschriebene Zusatzweg nach Süden begangen wird. Waldspaziergänge in den nahen Wäldern möglich.
Anstieg: Nicht nennenswert.
Einkehr: Die Schlosswirtschaft mit herrlich schattigem Biergarten im Osten des Rundtempels.
Anfahrt: Ab München nach Dachau, in Dachau Richtung Hebertshausen–Ampermoching. Auf der Straße nach Röhrmoos kommt links die Abzweigung nach Mariabrunn. Die gesamte Entfernung von Dachau nach Mariabrunn beträgt 7,5 Kilometer.

14
Der Münchner Wasserweg

Mit Intuition den eigenen Heilplatz erkennen

München ist gesegnet, wenngleich es drauf und dran ist, diesen Segen zu verschenken. Denn, als zu einer Zeit, da Künstlerfürsten wie Stuck, Kaulbach, Lenbach das Sagen hatten, Stil und Denken bestimmten und die Landeshauptstadt zu einer Weltmetropole umkreierten (schöpferisches Denken ist die stärkste und allzeit verjüngendste Macht, die ein Mensch einsetzen kann) und als auf Grund des positiven merkantilen, spirituellen und künstlerischen Ruhms vor gut hundert Jahren die Bevölkerung und damit die Landeshauptstadt zusehends wuchsen, da war es an der Zeit, den gestiegenen Wasserbedarf neu und genial zu regeln.

Damals beschloss der Magistrat, nach Quellwasser zu graben.

»Die Arbeiter trugen wasserdichte Anzüge und trotzdem kamen sie nach der Schicht völlig durchnässt zutage«, berichtet eine Schrift aus dem Jahre 1912.

Die heutige Schautafel an der Hangquellfassung Gotzing ist eine der sehenswerten und ortswirksamen Stationen auf dem so genannten Münchner Trinkwasserweg, einem vergnüglich verjüngend-heilenden Radl- und Wanderweg, den die Stadtwerke München zwischen dem Deutschen Museum und Gmund am Tegernsee ausgeschildert haben.

Sehr ausführliche detaillierte Informationen über Münchner Wasser und auch brauchbare Radl- und Wanderkarten bietet das Internet unter *www.swm.de*.

Die Hangquellfassung Gotzing, so wird dort berichtet, wurde Ende des 19. Jahrhunderts gebaut und gehört damit zu den ersten Grundwasserfassungen im Mangfalltal.

Als magische Jungbrunnen-Areale wähle ich meist auf diesem Wasser-Einweihungsweg zwei wunderbare Stellen, die mich persönlich immer wieder anziehen: das Mangfalltal bei Weyarn, genauer das Gebiet der Bruckmühle etwas flussabwärts, und dann der wahre Zauberberg der Wasserkraft Münchens und der individuellen Lebens-Verjüngung: der Taubenberg.

Doch will ich hier ganz bewusst keine genauen Ortsbeschreibungen geben, sondern Ihnen in einem magischen Umfeld die Möglichkeit geben, Ihrer Intuition folgend, das ganz Eigene zu entdecken.

Egal, wo Sie und gleichgesinnte Kraftortsucher eine der typischen Hangquellfasungen im Mangfalltal finden mögen: Die Energie ist stets aufladend, stark, zumeist linksdrehend. Da mein Vater Mangfallfischer war, haben diese Tempel der Wasserkraft mich als Kind schon magisch angezogen – und tun es heute noch.

Wann immer Sie einen Quellbereich betreten, spüren Sie sofort eine leise und von innen kommende, Sie stets wieder an den Ort zurücklockende – Befreiung.

Wasser befreit. Wasser trägt. Wasser informiert.

Dieses Durchatmen der Seele ebenso wie des Körpers rührt von dem sehr reinen Wasser im Quellenbereich, zumeist linksspindelnden Kräften. Quellwasser an bevorzugten Kraftplätzen ist rein. Wörtlich: Frei von ... Also be-freiend.

Wenn Sie es trinken, dann machen Sie sich zu Ihrer Heilung die natürliche Reinheit der Natur zu Nutze. Das reine Wasser schafft nämlich ein Vakuum durch eine Beseitigung der Gift- und Schlackenstoffe, die, soweit vorhanden und die Gesundheit gefährdend, ausgeschieden werden. Verbrauchte Energien entweichen und machen Platz für frische Energien. Ist das nicht sehr einfach? Im Einfachen liegt stets die größte Wahrheit. Und diese Wahrheit des Reinwaschens ist, so vermute ich, göttlich.

Wir verlassen die Autobahn München–Salzburg knapp nach der Mangfallbrücke und biegen ab nach rechts Richtung Weyarn. Allerdings fahren wir nicht in den Ort Weyarn hinein (weithin sichtbare zwiebelbeturmte Augustiner-Chorherren-Stiftskirche, darin eine überirdische Pietà und ein Verkündigungsengel von Ignaz Günther), sondern wir begeben uns weiter nach Süden in Richtung Thalham.

Kurz nach dem Ortsschild »Thalham« bleibe ich, ohne dies so recht zu wollen, stets stehen, lasse das Auto einige Meter hinter mir, will den Boden dieses Zeitschleusen-Areals unter den Schuhsohlen prickeln spüren und entscheide dann intuitiv, wohin ich nun will.

Auf den Taubenberg? Dort zum Tuffstein-Aussichtsturm? Oder zu den sagenumwobenen drei Kreuzen?

Gar zum Wallfahrtskirchlein Nüchternbrunn, hoch auf dem Taubenberg wunderbar gelegen? An die heilige, heilende Stelle neben diesem idyllischen Kirchlein, genau da, wo der Verjüngungsquell sprudelt, ein Klausner lebte und der Kreuzweg bis Osterwarngau führt?

Oder hinab ins Mangfalltal? Zwischen Bruckmühle, Kasperlmühle und Maxlmühle die meterweise wechselnde Urenergie des Wassers und der Erde spüren? Tiefe, vom sauerstoffreichen Wildwasser ausgewaschene Gumpen betrachten, rollende Wassertonnen, die Lebensraum für verwöhnte Bachforellen und Äschen kreieren und auf ihre Weise den lichten Schöpfungsgedanken gebetsmühlenartig wiederholen und interpretieren?

Oder zum nahen Seehamer See? Dort auf der dem Badeplatz gegenüberliegenden Seite befindet sich eine geheime Jungbrunnen-Quelle, deren linksdrehende Energien im Volksmund von jeher »Drah di, Deifi!« (Dreh dich, Teufel!) genannt wird.

Lassen Sie sich ganz von Ihrer inneren Stimme leiten. Finden Sie Ihre Stelle. Es wird stets die richtige sein. Vielleicht spazieren Sie gleich hinab zum Fluss? Das Wehr bei der Bruckmühle und dieses typische Klang-Bild, jenes in Trance versetzende Rauschen und Tosen der schweren Wasser spendet pure Lebensenergie … Zumeist überwiegt hier ein befreiendes, reinigendes Gefühl der Erdgebundenheit. Dann wissen Sie: Ihre Psyche ist rein – und empfangsbereit. Vorsicht nur unter der Autobahnbrücke: Hier walten immer schon recht zwielichtige, bedrückende Energieformen.

Finden Sie Ihren Platz am Wasser, an dem Sie verweilen möchten. Fühlen Sie bewusst, wie alte verbrauchte Energie ausgeschieden wird und frische Energie in Sie strömt. Vertrauen Sie auf sich selbst und darauf, dass der richtige Ort sich Ihnen zeigt.

Passende Übung:
Da Wasser, als grundlegendes Lebens- und Verjüngungselement, stets fließenden Charakter offenbart und damit das Leben selbst symbolisiert (Lebensfluss), soll meine Übung diesem allwissenden Fluss entsprechen. Nach dem Gesetz der Entsprechung kann ich mich so am besten in die vorhandenen Gedankenkräfte des Wassers »einloggen«. Ich habe kein Ziel, lasse mich treiben, auf einer Wiese vielleicht … Wie? Das sagt mir mein Körper, wenn ich ihn nur lasse. Und ich lasse mich dann zum für heute richtigen Ort hinführen.

Welche neuen Gedanken lasse ich heute zu?
Das Unreine muss zum Reinen hin.

Hier sind es die Giftstoffe des Körpers, die der Reinheit unverdorbener Trink-Flüssigkeit folgen müssen. Sie verlassen den Körper auf natürlichem Wege: Natur heilt.

Ausgangspunkt: Thalham, irgendwo nach dem Ortsschild: Ort der Entscheidung, welches Verjüngungsareal heute für mich das richtige ist.
Länge: Je nach Ziel. Kurz bis unbegrenzt. Eine passende Wanderung im Mangfalltal zwischen Bruckmühle und Maxlmühle ca. drei bis fünf Kilometer.
Anstieg: Am Seehamer See keiner. Zum Taubenberg lässt sich's von hier aus hochfahren, aber auch eine

mehrstündige Wanderung einrichten. Mehrere hundert Meter Anstieg. Unten im Tal neben der Mangfall keine nennenswerten Anstiege.
Einkehr: Im Tal ist fast jedes Gebäude mit der Endung …-Mühle ein Gasthaus. Oder Thalham an der Straße mit Energiespeicher-Biergarten. Einkehr und Gasthaus? In dieser Gegend – überall!
Anfahrt: Ab München Autobahn Salzburg, Abfahrt Weyarn kurz nach der Mangfallbrücke, dann nach rechts abbiegen, Richtung Weyarn. Nicht in den Ort hinein, sondern nach Süden Richtung Thalham.

15

Birkenstein bei Fischbachau

Ein Jungbrunnen als Zeitschleuse

Schon der Name »Birkenstein« verrät, dass wir an einen Ort mit Wasser kommen. Denn Birken, jene feingliedrigen Zauberbäume, wachsen und gedeihen immer nur auf feuchten Böden, auf so genannten sauren Wiesen, im Quellgebiet inmitten gut durchtränkter Flussauen oder auf wasserdurchtränkten Böden, niemals jedoch auf felsigem Grund. Und wenn doch, dann finden sie das lebensnotwendige Wasser zwischen oder unter dem Gestein.

Hier auf den Wiesen und Hängen von Birkenstein, zumeist auf hartem Untergrund stehend und nahe der Wunderkapelle wie Pfeiler eines einzigartigen Naturdomes angeordnet, finden die schlanken weißen Bäume nicht nur Wasser, sondern gar Wunderwasser von edelster Kristallform, vielfach von ausgewiesenen Experten untersucht und für exzellent empfunden.

Die Zahl der Pilger reißt deshalb an diesem magischen Ort nicht ab, die auf die Urkraft des von heiligen Wassern geprägten Areales schwören.

Die Wunderkraft des Zauberwassers ist hier im gesamten Umfeld der heiligen Anlagen von Birkenstein allgegenwärtig.

Wer die Grundgesetze der Homöopathie kennt und weiß, wie sehr immaterielle, also lediglich geistige Energien wirken können und wirken und dass diese geheimnisvolle Wirkung dort am größten ist, wo die nachweisbare Kraft am minimalsten scheint, dem wird hier am Wallfahrtsort vieles klar.

Letzten Endes offenbart sich im Rauschen und Plätschern des vom Breitenstein herabsprudelnden Gebirgsbaches eines der Schöpfungsgeheimnisse, das Urwissen über das Hinfließen alles Seins.

Alles hier hat eine besondere Schwingung: das Wasser, die Bäume, die Hänge, der im Osten der Anlage zum Föhnhimmel hinaufführende und uns den jubelnden Gebirgsbach herabsendende Berg Breitenstein. Sie werden es spüren, die lebendige Energie dieses Ortes ist allgegenwärtig. Wenn Sie an diesem Ort auf Ihre Gedanken achten, werden Sie auch da eine Veränderung feststellen. Sie denken jünger, denn Sie denken reiner und ehrlicher.

»Wenn ihr nicht werdet wie die Kinder«, sagte Jesus, was so viel heißen soll wie: »Wenn ihr nicht jung werdet und jung denkt, also unverbildet, erfahrt ihr nichts über das Himmelreich auf Erden.«

In Birkenstein kommt man aus dem staunenden Sehen, dem geistigen An-Schauen (letztlich der Schau Gottes) gar nicht heraus. Und so ist es kein Wunder, dass das ausgewiesene Wunder des über Felsen springenden Baches, der letztlich auch den magischen Brunnen bei der Kapelle speist, Augenleiden lindert.

Das Wunder des Sehendmachens hat immer zwei Bedeutungen: Zum einen erlangen die Augen ihre ursprüngliche Schärfe und ihr gottgegebenes Vermögen der Unterscheidung von Licht, Farbe und Form wieder, zum anderen wird der Pilger innerlich sehend. Er erkennt.

Bei einer Bohrung sechzig Meter in den Felsen hinab wurde vor Jahren der unterirdische See entdeckt, der das gesamte Areal zum verborgenen Quelldom erhebt und der den Boden hier so eigenartig zum Vibrieren und Strahlen bringt.

In der *Süddeutschen Zeitung* vom 30. Dezember 1994 findet sich ein Bericht über den unterirdischen See im Gebirgsstock des Breitensteins. Dieses beständig neu gespeiste Wasserreservoir reicht von Bucherberg bis zum Wendel(=Wunder!)stein-Gebiet, so wird berichtet.

Fühlen wir uns nun als Pilger, die einen magischen Ort erleben wollen. Vom Parkplatz her kommend, führt eine kleine Brücke direkt auf eine kleine Kapelle zu mit dem überdachten Freiluftumgang im ersten Stock.

Eine über den kristallklaren Gebirgsquell führende Brücke zu überschreiten hat zugleich immer auch reinigende Wirkung und ist wie eine Initiation, bei der man das Belastende und Schwere am anderen Ufer zurücklässt. Gehen Sie also bewusst über diese Brücke.

Vielen Pilgern ist nicht geläufig, dass Birkenstein mit dem heilenden, verjüngenden Wasser auch eine Station auf dem »camino«, dem bayerischen Streckenabschnitt des Jakobswegs nach Santiago de Compostela, ist. Und tatsächlich findet sich im Allerheiligsten der Kapelle, links neben dem Altar, ein lebensgroßes Bildnis des heiligen Jakobus als Pilger. Doch davon später.

Erleben wir zunächst das malerische Äußere der Kapelle, die Votivgemälde auf den Wänden der überdachten Umläufe, die dunkle Grotte unter der Kirche. Achten Sie auf Ihre Empfindungen, denn auch sie sind wie eine Vorstufe zur Einweihung. Vom Dunkel ins Licht. Jugend als äußerer Ausdruck von Unsterblichkeit in Christus und geistige Neugeburt in Maria. Glaube, Auferstehung, Vertrauen …

Wie so oft bei Kirchen und Kapellen liegt das Zentrum der Energie etwas außerhalb. Suchen Sie, fühlen Sie. Gehen Sie um die Kapelle herum und spüren Sie die Zunahme der kribbelnden Energie. Das eigenartige Gefühl rührt vom Wasser her, das nun geradewegs unter uns hindurchfließt. In einer Nische des Kirchleins, direkt gegenüber dem Andenkenladen, finden wir auch den Wunderbrunnen, der hier unzählige Augenleiden geheilt hat und heilt – und der noch immer kleine Fläschchen füllt, in denen das Wunderwasser abtransportiert wird.

Der Zauberquell hat eine solche Kraft, dass der bloße Anblick schon beruhigend wirkt.

Benetzen Sie die Augen und füllen am oberen Kapellenumgang geweihtes Wasser in eines der bereitstehenden Fläschchen. Meditieren Sie vielleicht vor dem Bild rechts neben dem Eingang zur Kapelle: eine Pyramide und ein »innerer See«.

Einen erfüllenden Abschluss findet unser Pilgersein, wenn wir das kleine Gotteshaus betreten, diesen wundersamen Ort der Anbetung Mariens mit einem lebensgroßen Bildnis des heiligen Jakobus. Wenn im hinteren (westlichen) Fenster die Sonne untergeht, fallen die dort angeordneten Spiegel auf. »Sie ist ein unbefleckter Spiegel der Majestät Gottes«, so steht es hier in himmlischen Lettern.

»Das Trinken bedeutet deshalb das Fließen der Zeit«, so schreibt Friedrich Weinreb in dem Buch »Leiblichkeit« und er fährt fort: »Das Flüssige bedeutet das Zeitliche.«

Dieser fundamentale Gedanke könnte für uns ein Begleiter werden bei unseren Exkursionen zu Wunderwassern und Jungbrunnen. Alles, was fließt, trägt die Zeit in sich (Zeitfluss) – und irgendwie auch die Zeitlosigkeit.

Und uns wird klar: Wunderwasser, Jungbrunnen sind Zeitschleusen. Das Fließen vom Jetzt zum Es-war und vom Es-war zum Es-wird-sein wirkt verjüngend.

Um die Kraft des in und um Birkenstein wirkenden Wunderwassers zu erfühlen und zu ergehen, empfiehlt es sich auch, von der Kapelle aus den Berg östlich hochzuwandern, dem Bach entlang.

Etwas rüstigere Gebirgsfreunde werden den Breitenstein bis zum Gipfelkreuz erklimmen und die wunderbare Rundumsicht weit übers Land in alle vier Himmelsrichtungen genießen. Man sollte jedoch wenigstens bis zu der Weggabelung Richtung »Kesselalm« dem Gebirgsbach folgen. Hier findet sich eine Naturkanzel, in deren Mitte die Kreuzung zweier starker Drachenlinien genau lokalisiert werden kann.

Interessant ist es auch, von der Kapelle aus nach Westen in der dem Breitenstein entgegengesetzten Richtung zu spazieren und den so genannten Kalvarienberg zu besteigen.

Die drei hohen Kreuze mit Jesus und den Schächern sind weithin zu sehen.

Dieser etwa zwanzig Minuten dauernde Meditationsweg ist ohne besondere Bergkleidung möglich, energetisch kann dieses Gehen für den suchenden Pilger ein bewegendes Urerlebnis werden.

Knapp vor der Kreuzigungsgruppe wird deutlich spürbar, dass dieser Kalvarienberg Senderenergien abgibt, die dann einige hundert Meter weiter von der Kirchturmspitze des Birkensteiner Kapellchens aufgefangen werden können – und umgekehrt.

Und so manchem wird dort vielleicht das Kreuz, jenes so schwer zu verstehende Ursymbol der Christenheit, in der Urbedeutung klar werden: Wir sind bereits erlöst, das heißt, wir müssen nicht erst noch erlöst werden. Das Leid des Daseins, das wir glauben tragen zu müssen, ist bereits für uns getragen worden.

Nach diesen oder ähnlichen Gedanken schreiten wir zurück zum Gebirgsbach bei der Kapelle und trinken aus dem sprudelnden Quell – mit der hohlen Hand und voll Dankbarkeit und Liebe.

Passende Übung:
Birkenstein ist ein Urort liebender Marienenergie. Wir strecken die Arme etwas vom Körper ab und bilden mit harmonischen Drehbewegungen den Schutzmantel der Madonna nach. Dabei imaginieren wir den Marienmantel. Ja, da ist jemand, der uns immer beschützt. Gerade hier.

Welche neuen Gedanken lasse ich heute zu?
Vertrauen, Vertrauen, Vertrauen.

Ausgangspunkt: Ein kleiner länglicher Parkplatz entlang der Anfahrtsstraße, etwa hundert Meter unterhalb der Kapelle.
Länge: Ca. zwei Kilometer.
Anstieg: Vom Parkplatz bis zur Kapelle etwa hundert Meter, ebenso bis zum Kalvarienberg. Wer den Breitenstein hochwill, muss allerdings ca. zwei Stunden bergsteigen. (Kein besonderer Schwierigkeitsgrad, aber feste Schuhe!)
Einkehr: Kesselalm auf halber Höhe oder Restaurant Alte Bergmühle in Fischbachau.
Anfahrt: Ab München Autobahn Salzburg A 8 bis Weyarn, weiter Richtung Miesbach, dann Hausham, Schliersee bis Fischbachau. In der Ortsmitte von Fischbachau weist ein Schild nach links »Birkenstein«.

16
Untersberg bei Bad Reichenhall

Raum-Zeit-Tunnel an einem der Hauptenergiepunkte der Erde

Wenn Sie von München aus die Autobahn nach Salzburg benutzen, mit dem Kraftort-Ziel Berchtesgaden, einem geheimnisvollen und sagenumwitterten »Perchten-Gaden«, heute noch ein hermetisch abgeschlossenes von magischen Gipfeln beobachtetes und behütetes Areal, das urdunkle Erd-, Salz- und Eis-Energien, Alpenkraft und vor allem keltisches Ahnenerbe nur mühsam verbergen kann – dann steuern Sie irgendwann auf den Untersberg zu.

Vor Ihnen erhebt sich die breite, dunkelgrün drohende Wand im Westen. Von diesem Blickpunkt aus bleibt die dräuende Gewalt und Magie dieses Zeitenwandlers noch einigermaßen verborgen. Der Fühlende jedoch spürt, dass jenes breite Untersbergmassiv kein harmloser Ferienort sein kann: Sogar vom Auto aus ist eine nur im Bannkreis »des Berges« mächtigende Wirkung erfahrbar. Es ist Macht pur. Dabei macht sich, bei aller

Faszination, eine Stimmung breit, die immer nur als unheimlich bezeichnet werden kann.

Sie verlassen die Autobahn und gelangen, eine zauberhafte schlängelnde Wegstraße benutzend, über Bayerisch Gmain, den Pass Hallthurm und Bischofswiesen in jenen durch ungebrochenen Naturokkultismus belebten, von Urkräften getragenen und Zeitlosigkeit weitergebenden »Gaden der Perchten«.

Bei gutem Wetter und auch in hellen Vollmondnächten erblicken Sie immer wieder die unnachahmlich magische Silhouette des Königs Watzmann.

Bald durchqueren Sie Berchtesgaden. Lassen Sie sich von dem touristisch geprägten urbayerischen Gebirgsimage nicht täuschen. Die Landschaft ringsum ist be-rauschend, durch Licht, Erdkraft, über- und unterirdische Wasser und Salzvorkommen tief unter der Erde. Hier können Sie leicht Visionen haben.

Von Hallthurm her kommend, führt schließlich am Ortsausgang von Berchtesgaden links vor Ihnen sanft ansteigend die Kneifelspitze nach oben, ein übrigens gut zu erwandernder Berg, an dessen Fuße ein hochherrliches Schloss wacht und Geheimnisse birgt; rechts hinter ihnen liegt inzwischen der Salzberg mit dem geschichtsträchtigen Obersalzberg und dem beliebten Salzbergwerk:

So gelangen Sie an eine helle Kreuzung, an welcher rechts die Straße nach Au abgeht.

Diese Richtung nach Au oder Hallein nehmen Sie nicht, fahren geradeaus Richtung Marktschellenberg und Salzburg.

Stets begleitet Sie nun die Berchtesgadener Ache, ein wildkalter, in tiefen Felsen gegrabener Gebirgsbach. Halten Sie an, wo es geht, und schnaufen Sie tief durch. Hören Sie auf die raunende Sprache des Wassers, machen Sie sich bewusst, dass hier wertvollstes Urwissen unserer Ahnen transportiert wird.

Ahnenwissen, Ahnengedächtnis – darauf kommt es uns an. Vor allem hier.

Wasser ist Leben und Information, denn Leben bedeutet den höchsten Grad an Informationsdichte. Genießen Sie die verjüngende Wirkung im Sog der Berchtesgadener Ache, eines sagenschweren Gewässers, das durch die Almbachtalklamm von Untersberg-Energie tiefst durchdrungen und genährt ist.

Spüren Sie es? Fordernd, schwer, gewaltig, schön, aber unheimlich hat sich inzwischen das Gesteinsmassiv links von Ihnen aufgebaut und begleitet Sie etwa bis Grödig, schon ziemlich nahe bei Salzburg.

Alles hier ist anders. Sie sind längst im Bannkreis des urmächtigen Wunderberges, des Untersberges. Der Berg macht mit Ihnen, was er will. Der Ort nimmt einen im wahrsten Sinne des Wortes mit. Seien Sie deshalb sehr aufmerksam, was Sie denken, was Sie fühlen.

Hier ist es wichtig, dass Sie nun Ihren eigenen Kraftplatz finden. Egal, wie Sie beginnen, Sie finden immer Ihre Stelle, Ihr Geheimnis, Ihren persönlichen Jungbrunnen. Suchen Sie selbst. Nur ein Tipp: Vielleicht ist es sinnvoll, das Auto auf dem Parkplatz der Untersberg-Seilbahn zu parken und sich dann von der Kraft des Ortes führen zu lassen. Sie befinden sich hier im Sog der weltweit aktivsten Raum-Zeit-Schleuse, der Verjüngungseffekt ist garantiert! Einmal im Jahr an Mariä Himmelfahrt öffnet hier die so genannte Mittagsscharte die unerklärbare, aber wirkkräftige Zeitschleuse.

»Der Untersberg oder Wunderberg liegt eine kleine deutsche Meile von der Stadt Salzburg an dem grundlosen Moos, wo vor Zeiten die Hauptstadt Helfenburg soll gestanden haben. Er ist im Innern ganz ausgehöhlt (!), mit Palästen, Kirchen, Klöstern, Gärten, Gold- und Silberquellen versehen. Kleine Männlein bewahren die Schätze und wanderten sonst oft um Mitternacht in die Stadt Salzburg, in der Domkirche daselbst Gottesdienst zu halten ...«

Dieser mehr als aufschlussreiche Text stammt von Jacob und Wilhelm Grimm; Deutsche Sagen, Kassel 1816/18, Nr. 27.

Wer mehr solche zunächst recht harmlos klingenden, aber unglaubliche Tatsachen widerspiegelnden Texte finden will, möge das Internetportal *www.untersberg.info* öffnen. Der Untersberg lädt ein zur schöpferischen Annäherung und zu ganz eigenen Erkenntnissen.

Die finden nicht im Kopf statt, sondern vor Ort, im Kraftfeld der Veränderung.

Erleben Sie es selbst, körperlich und damit seelisch, am magischen Ort. Erlauben Sie sich einen Berchtesgaden-Tag und suchen Sie. Es gibt die Almbachklamm, einen geheimnisvollen Weihbrunn (heilige Quelle) und das ebengenannte »grundlose Moos«, das lange als Heilbad in Betrieb war. Ihr Bauchgefühl wird Sie leiten. Fragen Sie, spüren Sie, erspüren Sie. Leben Sie Ihr eigenes Jung-Denken und nichts Vorgedachtes. Lassen Sie sich Zeit, denn Zeit spielt in der Umgebung dieses magischen Massivs überhaupt keine Rolle mehr.

Passende Übung:
Hier passt eine Runenstellung wie selten sonst. Versuchen Sie, den Anfangsbuchstaben Ihres Vornamens als Landschaftsrune nachzustellen. Die

passende Energie und die entscheidenden Gedanken stellen sich dann von selbst ein.

Welche neuen Gedanken lasse ich heute zu?
Die höchste und reinste Information ist Gott und Gottes Geist. Und, was für ein Hohn: Wir, die wir hochnäsig das (so genannte) Informationszeitalter für uns beanspruchen, sind von Gott so weit entfernt wie nie, weil wir an Informationen anderer glauben. Glauben! Dabei ist Gott ganz nah und wartet voll Liebe, dass wir auf ihn zugehen.

Ausgangspunkt: Diesen Einweihungsweg wird jeder anders beschreiten und suchen. Möglich: Marktplatz in Berchtesgaden, also erst die Energie dieses Ortes aufnehmen. Ideal bei der Untersberg-Suche: Platz vor der Untersberg-Seilbahn, unübersehbar zwischen Berchtesgaden und Grödig. – Oder Sie beginnen ab Grödig …
Länge: Hier ist alles möglich, wirklich alles. Vom kurzen Innehalten, über Berg-, Höhlen- und Klettertouren, bis zum wochenlangen Verschollensein in bis heute unerklärlichen Raum-Zeit-Schleusen. Eine Berchtesgadener Freundin von mir fliegt gerne mit dem Gleitschirm über die Mittagsscharte. Na ja.
Anstieg: Lieber nicht. Der Untersberg ist gefährlich. Ich will meine interessiertesten Leser behalten!
Einkehr: Legendär: »Friesacher« in Anif. Ansonsten: Überall in Berchtesgaden oder gar Salzburg. Hier in der Region überrascht und verwöhnt Sie eine viel bessere Gastronomie als in München.

Anfahrt: Autobahn München–Salzburg, Ausfahrt Bad Reichenhall, dann über Bayerisch Gmain, Hallthurm, Bischofswiesen nach Berchtesgaden hinein. Ort durchqueren, bis nach dem Obersalzberg beim Salzbergwerk eine Abfahrt rechts nach Au führt. Hier aber geradeaus weiter Richtung Marktschellenberg, Grödig, Salzburg. Bald sehen Sie den Wunderberg links hoch aufragen. Viele mögliche Verweilpunkte, vielleicht bei der Einmündung der Almbachklamm …

17
Landshut

Ein Jungbrunnen an ungewohnter Stelle

»Jungbrunnen?«, so fragte der Druide mich. »Komm mit mir nach Landshut. Und du wirst staunen!«

So etwas braucht man mir niemals zweimal zu sagen. Ich verließ die Autobahn bei der Abfahrt Landshut-West, fuhr einen Linksbogen unter der Brücke hindurch und beim dortigen Park-and-Ride-Parkplatz trafen wir uns.

»Zur Einstimmung zeige ich dir einen heiligen Ahnen-Ort, an dem ich meine ersten Visionen hatte«, so der Druide lächelnd. »Einverstanden?«

Mir war's recht, wir fuhren also zunächst von hier aus nach Eugenbach, dort hoch zum Eugenbacher Kircherl. Schon bei der Anfahrt hatte ich dieses typische hebende, ja hochreißende Gefühl. Dass hier ein Keltenhügel mit vor Urzeiten hinterlegten Gedankenformen unserer Ahnen war, der mit alter Macht wirkte, war schon bei der Anfahrt spürbar und verstärkte sich oben zur Gewissheit.

Auf dem Außenfries der Apsis am obersten Rand unter dem Dach findet sich ein magisch bannendes Keltenmuster in faszinierendem, den Blick fesselnden Terrakotta-Rot. Keltenmuster auf einer katholischen Kirche! Keinen scheint dies zu wundern.

Jungbrunnen haben immer etwas mit dem Zeitverständnis zu tun, auch mit Macht. Denn wer will mächtig sein, wenn er mit der Zeit nicht umgehen kann? Mir wurde hier wie selten klar, dass diese vielfach und unendlich in sich selbst verwobenen Keltenmuster die Zeit bannen – oder beschwören.

Und erst später wurde uns beiden klar, dass viel, viel mehr Zeit vergangen war, als unser an den Alltag gewohntes Bewusstsein registriert hatte. Der zeitenvergessende Blick nach Südwesten, weithin übers Land, ließ alles vergessen …

So waren wir beide reif für die Quelle.

Obwohl diese aus dem Hang mit einer massiven steinernen Mauereinfassung entspringt und ein wahrhaft heiligendes und mit Ortsmagie heilendes Areal beherrscht, liegt der besondere Weihbrunn überraschend zentral in der Stadt, was dessen hebender Wirkung keinen Abbruch tut.

Wir fuhren zurück zur Autobahn, dann nach Landshut-Nord, folgten der B 299 Richtung Altötting (Vilsbiburg).

Und dann kommt eine große Kreuzung, an deren

rechter Seite die so genannte Rakoczi-Quelle sprudelt, munter und druckvoll, ortsansässigen Insidern ein Begriff, für mich eine fließende Offenbarung.

Selten habe ich es erleben dürfen, dass ich an einem Quellort sofort fröhlich wurde, zu der verständlichen Freude des Entdeckens gesellte sich auch tiefe innere Zufriedenheit, das wohltuende Gefühl, angekommen zu sein. Angekommen wo? Wohl in der eigenen Seelenlandschaft, da, wo man immer schon hingehört.

Von Besuchern wurde uns gesagt, dass diese Quelle tiefes Wasser habe, also auch nach starken Regenschauern nichts von ihrer Klarheit und dem eigentümlich weichen Geschmack verlöre.

Ich stellte mich in den Fokus des Steinrondells. Was ich spürte: grenzenlose Liebe. Und wieder vergaß ich die Zeit …

»Während einer Wanderung weilte bei der Quelle Fürst Franz Rakoczi II., der verbannte ungarische Freiheitsheld«, so ist es an einem dort angebrachten dunklen Stein zu lesen. Er gab dem Ort seinen Namen.

»Nun bist du reif für den Höhepunkt des heutigen Tages«, meinte der Druide zufrieden, nachdem er mir an dem heiligen Quellort genügend Zeit (!) gelassen hatte.

»Wohin geht's nun?«

»Zum Frauenberger Kircherl.«

Das klingt harmlos, auf mich wartete jedoch ein ungewöhnlich starker Keltenritualplatz.

Von der Rakoczi-Quelle weg fuhren wir geradeaus vier Kilometer Richtung Nordwesten, bis rechts das Schild »Frauenberg« auftauchte. Allein schon der Name ist für den Kraftort-Kenner viel versprechend. Die Frau: im christlichen Bereich bedeutet dies stets Mutter Maria, für Fachleute keltischen Kulturerbes verbirgt sich dahinter das Urweibliche und Machtvoll-Bewahrende, wie es in Gestalt der drei Jungfrauen an zahlreichen heiligen und heilenden Orten oder gar in mancher Krypta als Schwarze Madonna begegnet. Solche Orte und die dort waltenden weiblichen Energien sind zumeist dem Mond zugeordnet, weshalb die Gottesmutter unserer neueren Religion so oft auf einer Mondsichel stehend abgebildet ist.

Als wir den Frauenberg hinauffuhren und dann das letzte Stück zu Fuß gingen, war mir für immer klar: Der Jungbrunnen ist etwas Geistiges und doch auch gebunden an einen Kraftort, einen hebenden Ort. Ein Paradox letztlich. Ein Ort ohne Raum und Materie, auch ohne Zeit.

Hier auf dieser alten keltischen Birg, genauer, einem Weltenhügel (im Englischen old barrow genannt) kommt alles zusammen, was den Ankommenden transformiert und verändert.

Wir blickten nach Westen, sahen weithin übers Land, weit unten lagen die Wasser der Isar im goldenen Glanz der Abendsonne. Der Druide klärte mich auf, dass hier ein alter keltischer Kultplatz sei, aber das war mir inzwischen längst selbst klar.

»Und nun der Jungbrunnen – es ist ein Stein.«

»Ein Stein?«

Er lächelte und führte mich zu einer Stelle an der westlichen Kirchenmauer. Dort, von der goldenen Sonne beschienen, lehnte der Stein. Wenn es einen Stein der Weisen in Bayern zu finden gibt, jenes sagenumwobene Missinglink aller Alchemisten, dann waren wir hier am Ziel.

Der Stein, den so viele suchen, hier war er. Ist er? Wird er sein? Mir wurde schwindelig, weil ich nicht mehr wusste, in welcher Zeitform ich existierte.

Zeit wird nicht mehr sein, hier gewiss nicht. Der Keltenstein von Frauenberg ist etwa 1,50 Meter hoch und ebenso breit, vielleicht 50 Zentimeter dick, im Wesentlichen quadratisch und dennoch rundlich, hat in der Mitte eine Erhöhung und, ebenfalls mittig, ein Loch. Oberflächlich betrachtet, lehnte hier unverrückbar, mit der Schwere der eigenen Bedeutung ein klassischer Kult- und Opferstein – doch eine Beschreibung fällt deshalb schwer, weil das Wesentliche etwas Geistiges ist. Denn das Einzigartige an diesem Kultstein ist seine Wirkung.

Sie müssen dort gestanden und diesen Zeit(en)-transformator berührt haben, um zu verstehen, was ich meine. Und es handelt sich um sehr positive Energie. Mir fällt für die energetische Information des Augenblicks nur noch das Wort Wahrheit ein.

Darüber findet sich eine Tafel, die diesen keltischen Wunderstein mit einer rührenden christlichen Legende umrankt. Warum auch nicht.

Lange noch standen wir beide im Bannkreis der linksdrehenden Energien, blickten dann wieder übers Land, bis einer von uns beiden Jüngern sagte, was der andere dachte: »Es gibt Dinge, die das Land regieren …«

»… und keiner merkt's.«

»Eben.«

Wir beschlossen den Tag mit einer kurzen Fahrt zu einer Stelle südlich dieses Berges, hin zu einem unübersehbaren Wegkreuz auf weitem Feld. Man sah nun die Kirche vom unweit gelegenen Ort Adlkofen und den Turm von Frauenberg, je nachdem, in welcher Richtung man den Horizont mit staunenden Augen absuchte.

Sender und Empfänger. Adlkofen der Sender, Frauenberg (Maria!) der Empfänger.

Passende Übung:
An der Quelle die Schöpf-Übung: Formen Sie die Hände zum Kelch, aus dem Sie dann tatsächlich trinken. Oder beschreiben Sie mit weit ausholenden Armen ein Gefäß, ein Riesengefäß, das Sie selbst überragt. Seien Sie das Gefäß. Und Ihre Gefäße werden sich wohltuend erweitern, ganz ohne Fremdmittel.

Welche neuen Gedanken lasse ich heute zu?
Wasser hat stets eine ureigene Kraft zur Selbstreinigung. Im Vinschgau gibt es eine Volksweisheit, die besagt: »Verschmutztes Wasser, das über sieben Steine hüpft, wird wieder trinkbar.« Wie wahr.

Heilende Wirkung ist nun einmal nicht wissenschaftlich messbar, sie ist wirksam. Heilung ist und bleibt ein geistig Ding. Unsere verrückte nur materialistische Welt will alles mit der Registrierkasse begreifen. Kann es sein, dass Wunder-Wirksames umsonst ist? Es kann.

Ich selbst trinke regelmäßig bei allen Quellen und Wässern, die ich beschreibe und weiterempfehle, und weiß um die Wirkung.

Das wahrlich Heilende offenbart sich zumeist

umsonst. Das Leben selbst ist ein Geschenk, ein Geschenk Gottes.

Ausgangspunkt: Park-and-Ride-Parkplatz bei der Ausfahrt Landshut-West. Als Treffpunkt wunderbar geeignet und eindeutig zu beschreiben.
Länge: Die drei (vier) Punkte sind nur einige Kilometer voneinander entfernt und mit dem Auto schnell erreichbar. An den einzelnen Kraftplätzen gibt es wenig Weg, aber viel Staunen. Der abschließende Erkenntnis-Punkt zwischen Frauenberg und Adlkofen wird sich Ihnen persönlich offenbaren, ideal ist das beschriebene etwas erhöhte Kreuz; hier sind aber überall kilometerlange oder kurze Wege der Herzensöffnung möglich.
Anstieg: Nur bei den beiden Keltenhügeln, ca. 250 Meter.
Einkehr: Schlossgaststätte Landshut. Gaumenfreuden am magischen Ort. Immer wieder eine Freude.
Anfahrt: Ab München Autobahn A 9 Richtung Nürnberg, beim Kreuz Neufahrn östlich ab Richtung Franz-Josef-Strauß-Flughafen, immer weiter über Moosburg Richtung Deggendorf. Abfahrt Landshut-West, dann links unter der Autobahn hindurch, gleich kommt links der P & R-Parkplatz.

18
Die Quelle in Heilsbronn

Heilendes und verjüngendes Wasser

Wir haben über Neudettelsau nach Heilsbronn gefunden und bald den filigranen gotischen Turm des Münsters entdeckt. Das Auto parken Sie am besten in der Altstadt und erwandern den magischen Ort zu Fuß. Uns erwartet ein heiliges, magisches und von Herrschaftswissen durchwobenes Areal, das gute alte Zisterziensertradition und entsprechendes Einweihungswissen in die lebendige Gegenwart weiterträgt.

In dem Moment, da Sie das Innere der Kirche betreten haben, sind Sie gefangen. Das ehemalige Zisterzienserkloster wurde 1132 gegründet, 1118 hatte der Templerorden seinen spirituellen Siegeszug begonnen und jene Galaxie geschliffener Gedankenkristalle war implodierend entstanden, ein geistiger Sog, der weit über unsere Tage hinaus wirken wird.

Innerer Wohlklang des Seins schwebt über und in allem. Der Besucher wird durchwoben von der

Schwingung wissend gesetzter Steine und hoch aufschießender Kreuzrippengewölbe. Es geschieht etwas mit dem Ankommenden.

Ich will Sie nicht mit kunstgeschichtlichen Daten überrollen, sie stehen alle in den großartig gemachten Führern dieses Münsters.

Wichtig ist die Zeit: Beim ursprünglichen Bau der Klosterkirche, die Weihe fand 1149 oder 1150 statt, also in der Zeit des wirklich hohen Mittelalters, handelte es sich im Wesentlichen um eine dreischiffige Basilika.

Die auffallende Ähnlichkeit mit französischen und spanischen Zisterziensertempeln springt ins Auge. Der Raumeindruck des noch bestehenden Langhauses mit den massiven Säulen erinnert in allem an die Tradition der Hirsauer Schule, allgegenwärtig atmet der jahrtausendgreifende gewaltige Geist der Kluniazensischen Reform; der Außenbau ohne Turm geht in Anlage und Wirkung direkt auf die Vorschriften des großen Bernhard von Clairvaux zurück.

Und schon sind wir bei der bis heute ungebrochenen Tradition und dem tiefen Wissen der Tempelritter, der dazugehörigen Art, zu denken und zu handeln – und einer seelenergreifenden Spiritualität.

Kein Zufall also, dass im südlichen Teil eine Ritterkapelle angebaut ist und in einem weiten und sonnendurchfluteten Mortuarium die Grablege der fränkischen Hohenzollern erfolgte.

Dieses weitläufige Mortuarium wird von einem feierlichen Plätschern erfüllt, denn unter dem Grab der Kurfürstin Anna sprudelt, über steile und dunkle Treppengänge erreichbar, die Quelle des Heils und der Zeit.

Wer hier im Schoße der Erde weilte und die Hand in das weiche, klare und kühle Wasser des Lebens gehalten hat, der kann nicht anders als fröhlich zu werden. Er hat den Quell des Lebens gefühlt.

Tatsächlich einen sich hier, zwischen Säulen, Rundbogen und dem wissend verlegten »Schachbrettmuster«-Boden, Licht, Geist, Klang, Wille und Wollen. Sehen und Sinne vermählen sich im Zauber des Erkennens zum geheimen Akkord tieferer Einsicht, eines letzten Verstehens – vielleicht gar des Einsseins in Gott.

Für gewiefte Energetiker: Eine fühlbare Kraftlinie verläuft von der steinernen Kanzel rechts vor dem Chorraum bis zur Quelle unter dem Frauengrab. Der Mesner sagte mir, es sei »hohes Wasser«, also eine Art Ableger der Schwabachquellen, die hier die gesamte Region mit wohltuender Energie des reinen und fließenden Wassers beschenken.

Derart energetisiert, sollten wir die Jakobusfigur

suchen: Von der Quelle zum Altar, dort bogenförmig nach rechts, genau in Richtung Schwanenritterkapelle. Dort findet sich der lebensgroße (!) Wanderer nicht gleich, steht er doch über dem Eingangsportal rechts oben an der Wand. Wanderstab, Hut mit Muschel, Wasserflasche gehören zu seiner Ausstattung, der ihn tragende Steinsockel zeigt Ornamente der heiligen Geometrie. Jakobus, der Wanderer, steht für Wandlung, Wende, Transformation. Das Auftauchen dieser Apostelgestalt symbolisiert stets Wandel und Wandlung des eigenen Lebens. Stätten auf dem Jakobsweg sind ausnahmslos zeitmanipulierend und wenn Beeinflussung der Zeit positiv geschieht, dann sind diese so besonderen magischen Orte verjüngend. Selten wird gesagt, dass dies altes Templer- und Heilungswissen bedeutet.

Warum das so ist? Weil Energie gegeben wird im Sinne von Gnadengaben. Wenn Energie entzogen wird, dann macht dies alt. Was ist Altern anderes als Energie-Entzug.

Und umgekehrt!

Warum sehen junge Menschen jung aus? Es ist eine Frage der Lebensenergie.

Warum wenden Sie sich nicht dieser wahrhaft aufbauenden Kraft zu? Es gibt in der Tiefe des Alls keine stärkere, reinere und ehrlichere Energie als die schöpferische, die hier fühlbar und erfahrbar ist.

Beenden Sie die Pilgerreise in Heilsbronn mit dem Gang zur Brunnenkapelle. Sie verlassen dazu den Kirchenbau, gehen wenige Schritte gen Süden und finden die alte, ein Rundbecken mit still dahinträumendem Wasser überbauende Kapelle. Auf einer Tafel kündet folgende Inschrift:

»Eine irrige Annahme des Ortsnamens Heilsbronn führte ab 1730 einige Jahrzehnte lang zu einem regen Bade- und Kurbetrieb mit Heilsbronner Brunnenwasser, das angeblich gegen fast alle damals bekannten Krankheiten hülfreich war.«

Hülfreich. Was für ein schönes, heilsklingendes Wort!

Ein humorvolles älteres Ehepaar aus Franken verriet mir, der Brunnen sei vor allem ein Liebesquell. Immerhin waren die beiden fünfzig Jahre lang verheiratet, gut zu Fuß und sie kamen regelmäßig hierher.

Passende Übung:
In den nahen Klosterwald gehen.

Welche neuen Gedanken lasse ich heute zu?
Sehr alte Gedanken. Hier im Quellgebiet stehen heilende Denkformen greifbar im Raum. Was heilt,

was Zeit aufhebt, was jung macht – es hat mit Liebe zu tun.

Ausgangspunkt: Eingangsportal zum Münster Heilsbronn St. Marien und Jakobus an der linken Seite der Vierung.
Länge: Fällt nicht ins Gewicht. Zur beschriebenen Brunnenkapelle ca. hundert Meter. Bei Lust und Laune: durch die malerische Altstadt, dann ausgiebige Spaziergänge im Klosterwald.
Anstieg: Keiner. Sanfte Hügeligkeit im Klosterwald.
Einkehr: Café am Jakobsweg unmittelbar in Klosternähe (passend vom Namen) oder schräg gegenüber das einladende Wirtshaus im Fachwerkstil.
Anfahrt: Ab München Autobahn Richtung Nürnberg A 9, Abfahrt Nürnberg-Feucht, Wendelstein finden, dann Schwabach, Neudettelsau (Richtung Ansbach, Heilbronn), bald ist Heilsbronn ausgeschildert.

19

Haag bei Mühldorf am Inn

Belebung im Bannkreis der heiligen Ottilie

Wer sucht, der findet. Dies ist eines der Geheimnisse magischer Orte. Und ein Glaubensgeheimnis dazu.

»Zur Wallfahrtskirche Hochhaus ...« stand da auf dem kleinen weißen Abbiegeschild.

Von der B 12 München Richtung Passau ist der magische Turm der Schlosskirche von Haag weithin zu sehen, vier Erkertürmchen verleihen dem die Erdenergie nach oben leitenden Gebäude eine spürbare Schwingung. Dies Bauwerk sendet ganz ohne Technik, es strahlt Informationen ab, indem es einfach nur dasteht. Am richtigen Ort, am magischen Punkt.

Man kann diese Burg der freien Grafschaft Haag als energetische Einstimmung auf den Jungbrunnen in der Nähe besuchen.

Von Haag Richtung Altdorf, Rechtmehring, hier links ab zur Wallfahrtskirche Maria Hochhaus.

Wer das zunächst malerisch und liebenswert anzusehende Areal erreicht, der stellt das Auto am besten einige hundert Meter vor der zierlichen Ottilienkapelle ab.

Der Weg führt sofort über die kleine, etwas versteckte Brücke.

Die leicht geschwungene Wiese vor der zierlichen, recht einsam dastehenden Kapelle reißt den Besucher in den linksdrehenden Strudel uralter Erdenergien. Wir stehen mitten auf einer Wasserader.

Betreten Sie die Kapelle sehr bewusst. Die wohltuende Kargheit lässt eine sinnlich-mystische Aufnahme einer hellblauen Apsis zu, die das Bild der heiligen Ottilie umfängt. Ottilie klingt sehr christlich, wird jedoch in Hexenkreisen ganz anders gesehen (St. Ottilien, Odilienberg, Namensnähe zu Odin = Wotan).

Genau in der Mitte vor dem Altarraumgitter ist ein Stein lose im Boden verlegt. Würde man ihn herausheben, dann käme die Quelle zum Vorschein, die diesem Raum eine so besondere Stimmung und auch Wirkung verleiht. Alle von der Ortsmagie ausgelösten Gefühle dieses Energiefeldes im Raume bleiben stets erdend, nach unten gerichtet.

Wieder im Freien, lockt der keltische Weltenhügel zur Rechten. Er lässt sich rechts oder links herum begehen. Wählen wir den Weg links herum, immer den kühlen Bach neben uns.

Wir befinden uns nun ganz eindeutig auf einer

keltischen Wallanlage, auf der oben die Wallfahrtskirche dräut.

Verweilen wir auf dem überraschend geräumigen Feld vor der rechten, der südlichen Kirchenseite. Die Energie hier wirkt linksdrehend, belebend, berauschend. Ein kleiner Rundgang zeigt hie und da die Spuren von Ritualen, kultisch gelegte Steine und Hölzer fallen ins Auge.

»Südlich der Burgställe wurde ein Münzschatz gefunden, bestehend aus Silbermünzen der Zeit um 1183–1231«, steht es in einem aufliegenden Kirchenführer: Zeit des hohen Mittelalters, Zeit religiös-geistiger Umstürze, Zeit der Kreuzzüge und der Templer! Wer will, kann nun mit der »Jetzt-und-hier«-Übung beginnen, die am Ende des Kapitels beschrieben ist.

Denn hier stehen, gehen und walten wir zwischen den Zeiten und auch der Raum hat sich dem unterzuordnen. Unserem menschlichen Geist und Verstand mit seiner typisch hochnäsigen Pseudo-Logik erzeugt dies ein eigenartiges, belustigendes Gefühl der Wirrnis. Ein Magischer-Ort-Schwips, sozusagen. Garantiert ohne Nebenwirkungen …

Der betont burghafte Charakter der Wallfahrtskapelle Maria Hochhaus täuscht nicht. Da stand dereinst tatsächlich eine feste Wehrburg.

Ascwin de Hohinuse regierte den magischen Ort.

Die Zeit seiner heute noch spürbaren Macht soll von 1130 bis 1180 bestanden haben. Was für ein Mensch war er? Kannte er sich aus mit der Magie des Platzes? Wusste er um die Quellader, die sich diagonal unter dem Kirchenboden entlangzieht?

Oft muss ich mich bei meinen Exkursionen zu ausgewiesenen magischen Orten wundern, wie wenig die Vorbeikommenden über Kräfte der Erde ahnen oder spüren. Dies war hier anders. Kirchgänger mit breitem hiesigem Dialekt und der legendären Freundlichkeit dieser bayerischen Region erzählten von Quelladern, Sagen und dem, »was der Mesner g'sagt hat«.

Und immerhin weist eine Tafel im Inneren der Kirche hin auf den »auffallend langen und schmalen, bewaldeten Höhenrücken, der sich 1000 m der Straße entlang hinzieht«.

Das Innere der Kirche ist stark, zu stark für meinen Geschmack: erdend-modrig und dunkel. Immer wieder wundere ich mich, welch finstere Energien christliche Kirchen evozieren können. Und wie so oft ist im Umfeld die heilende, hebende Kraft um vieles stärker.

Links neben der Kirche, im Norden, findet sich ein Rundplateau, das den oberen Teil des keltischen Wallsporns abschließt und das wie ein spiritueller Weltraumbahnhof wirkt. Man muss einfach dort gestanden haben. Stehen und wirklich da sein. Ich umrunde immer jede Kirche sorgfältig. An der Außenwand der Apsis findet sich abgeschlagener Putz, darunter geheime Templerzeichen (der Kirchenführer bezeichnet sie als Wallfahrerinschriften). Wer in diese Sigillensprache eingelesen ist, den wundert nun nichts mehr und alles wird klar: Christentum, Zauber-Quellen, Hexenwissen, Jungbrunnen, Ortsmagie – und Gnosis! Was für eine feine Mixtur.

Wir beschließen den Rückweg, indem wir den Weltenhügel hinuntergehen, dann ab der Ottilienkapelle dem Bachlauf folgen, bis kurz vor die Mühle. Bald kommt eine Stelle mit kleinen Holztreppen, an der das Wasser der Quelle, die wir eben noch unter der Burgkirche so sehr spürten, in den Bach fließt: Was für zündende Energie-Blitze, regelrechte spirituelle Lichtwirbel, linksdrehend und heilend ...

Passende Übung:
Um im Jetzt die Zeitlosigkeit zu erfahren, bedarf es des Loslassens. Genau das tun wir. Stellen wir uns an einen Platz dieses heiligen Areals, strecken wir die geschlossenen Fäuste vor – und lassen wir los. Handflächen nach oben, alles Belastende, alles Veralternde weicht von uns. Dies machen wir so lange, bis wir uns spürbar besser fühlen.

Welche neuen Gedanken lasse ich heute zu?
Die Quellen dieses Ortes heilen Augenleiden. Also machen sie sehend. Das festigen wir mit der »Jetzt-und-hier«-Übung. Wir machen uns klar, dass unser so sehr gepriesener Verstand nur recht wenige Informationen hat. Trotz der so genannten Wissensfülle. Unser Bauchgefühl aber (Unterbewusstes, Ahnengedächtnis ...) hat alle Informationen der Welt. Nur eben nicht bewusst.

Entdecken wir dies Urgedächtnis – im Jetzt. Im Jetzt liegt die Ewigkeit. Dies begreifen wir nur jetzt. Zukunft und Vergangenheit sind Verstandesideen. Sie sind jetzt-los.

Ausgangspunkt: Eine beliebige Stelle vor dem kleinen Steg, der zur Ottilienkapelle führt. Ich bevorzuge den anschließenden kleinen Anstieg auf den Keltenhügel zur Wallfahrtskirche, manche ältere Pilger fahren mit dem Auto hoch.
Länge: Alles in allem höchstens ein Kilometer. Ausgedehnte Wanderungen auf dem Wall sind möglich.
Anstieg: Etwa 150 Meter.
Einkehr: Die Schlosswirtschaft an der Burg von Haag ist von der Lage, Bedienung und dem Essen ein Erlebnis.
Anfahrt: Ab München Richtung Passau (B 12). Nach Forstinning, Hohenlinden, Maitenbeth winkt bald Haag, der wunderbare Burgturm zur Rechten ist weithin sichtbar. Durch Haag nach Altdorf, Rechtmehring, dann kommt bald das Schild »Wallfahrtskirche Maria Hochhaus«.

20
Der Hexenplatz bei Freyung

Eigene Rituale entdecken

Zyklische, also spirituell eingebundene und regelmäßig mit dem Zeitzyklus wiederbelebte Rituale, die im Leben, damit auch im Alltagsleben, bewusst Körper und Geist auf höhere Mächte einschwingen lassen – rituelle Handlungen, die ewige Gesetze des Kosmos harmonisch wiederholen, solche Lebens-Regeln machen jung.

Ich rede hier nicht von der eigenartigen Zwanghaftigkeit, die das Leben so vieler Mitmenschen zu bestimmen scheint, rede nicht von Bindungen des Tuns, die eher fesseln als befreien und mit den höhern Gesetzen gar nichts zu tun haben. Eher im Gegenteil.

Fein erdachte, be-dachte, bewusst getane wiederkehrende Rituale sind der Schlüssel zu einem Leben im Einklang mit der Schöpfung.

Solche rituellen Handlungen und das Wissen um Heilung und kosmische Gesetze wurde von Druiden, Schamanen und Hexen bewahrt.

Sich ihrem Bewusstsein zu nähern ist deshalb auch eine Hilfe, das eigene Leben mit Ritualen wieder mehr im Einklang mit der Schöpfung zu leben. Und an Orten der Kraft ist dies leichter erfahrbar.

Bei der Suche nach solch wirkungsvollen Kraftplätzen mit unverfälschter Urkraft ist der Bayerische Wald ein Muss. Hier ist die noch ungebrochene Macht der Natur spürbar, hier gibt es noch echte, dunkle Nacht, insektendurchsummte, sonnendurchflirrte Hochsommertage, dräuende Dämmerung, lichtkitzelnden Morgen, sieht man suchend in alles verbergende, alles versprechende Herbstnebel – und es gibt einen Naturglauben hinter aller aufgesetzter christlicher Religion, einen wissenden Ahnenglauben, der ungefiltert »das Alte« zulässt.

Von Passau aus geht es hoch Richtung Norden und damit in den tiefen »Wald« (dort »Wold« ausgesprochen), die so genannte Glasstraße entlang. Glasstraße. Was für ein schönes Wort. Man ahnt die Abstrahlung quarzhaltiger Gesteinsformen. Oder wir nähern uns ab Bad Birnbach, Aidenbach, Ortenburg, Vilshofen, Aicha, Tittling, Wolfersreut ... Ringelai! Ein Hexenmuseum hat mich hierher gelockt.

Sagen Sie den Namen laut vor sich hin. Ringelai. Die Resonanz ist ein kosmisches Urgesetz wie das der Schwingung.

Ringelai. Nomen est omen. Hexenkraft, verspielt, aber kräftig.

Unwillkürlich fällt mir das wunderbar-unheimliche Märchen von Jorinde und Joringel ein, in dem eine von der Hexe, der Hagasuzza, der Grenzgängerin nämlich, gesetzte Bannmeile die alles entscheidende Rolle spielt.

Und dann die Endung »lai«. Erinnern Sie sich an die eingangs erwähnte englische Bezeichnung für Kraftlinie »Ley-line«. Sie ist das, was wir bevorzugt mit Schlangen- oder Drachenlinie bildhaft beschreiben. Ringelai trägt den Namen der Kraftlinie also in sich.

Und da wir uns intensiv mit Jungbrunnen beschäftigen, wird der eine oder andere unter Ihnen sicherlich auch an die Verwandtschaft zu Ringelreigen gedacht haben.

»Ein Hinweisschild ›Hexenmuseum‹ hat mich nämlich hierher gelockt«, erkläre ich dem Wirt des Hotel Gross an der Dorfstraße. Der ist keineswegs erstaunt, sondern antwortet: »Hier ist der historische Hexenstein von der Bärnlochhöhle ganz in der Nähe, ein Ort der Magie, von dem ein in dieser Gegend handelnder Roman spielt – und ein originaler Hexenplatz ist unmittelbar über dem Hotel. Allein finden Sie den nicht. Ich begleite Sie!«

Die Begegnung mit diesem Mann erweist sich bald als Glücksfall.

Doch zunächst zum Hexenmuseum. Es ist gut gemacht, doch, wie zumeist bei diesem so interessanten Thema, befasst es sich zum überwiegenden Teil mit den Grausamkeiten der Hexenverfolgung. Hexen sind Querdenkerinnen, Individualistinnen, sind einfach anders: Wie sollte sich eine so selbstständige Denkform und Lebensart in ein Museum pressen lassen? Die Hexenverfolgung ist Teil des Systems (jedes herkömmliche System verfolgt die Heiler) und dies lässt sich prima darstellen. Das Eigentliche jedoch kann man nur erfahren. Deshalb machen wir uns auf zum Hexenplatz.

Wir fahren den so genannten Freudenhain hoch, rechts am Hotel vorbei, dann links nach oben. Schon umfängt uns dichter und hoher Wald. Links ein Parkplatz, dann zu Fuß etwas zurück und wieder links in den Wald hinein. Die Energie – ungeheuerlich. So etwas findet man doch selten durch Zufall.

Dann nimmt die Energie zu, nochmals rechts eine minimale Steigung hoch: der Platz!

Hexenland, einfach wunderbar.

Auf der linken Seite befindet sich, aus uralten dunkel bemoosten Felsen kreisrund errichtet, ein links-rechts-drehender Naturkreistempel. Wie ist so etwas nur möglich? Die kreiselnde Spirale nach oben wechselt mit dem eigenen Standpunkt des Besuchers ihre Drehrichtung. Der Ort raunt, flüstert, spricht zu einem, nimmt einen mit – ob man will oder nicht.

In der Mitte auf einem aus dem Boden ragenden Stein, dem von der Natur ein gleichschenkliges Kreuz eingraviert wurde, die Spuren von Ritualen. Hier liegt eine frisch geschnittene Wünschelrute, die wohl zur »Aufladung« an diesem magischen Platz deponiert wurde.

Rechts vorn an dem elektrisierenden Naturplateau wiederum ein stark magnetischer Steinkreis, es sind alte Felsen, tief im Boden verwurzelt, die hier nach oben ragen. Ein Stonehenge der reinen, unverfälschten Natur, mit etwa zwei Metern Durchmesser.

Man kann das Innere des Zirkels bequem betreten. Nur sollte man auch sehr aufmerksam sein, was dann mit einem passiert. Denn schon so manch einer hatte noch eine Woche nach dieser Konfrontation mit Kräften, denen er vielleicht nicht gewachsen war, eine Art Kater. Körper, Geist, Seele waren von dieser Wucht naturmagischer Energien einfach überlastet.

Nutzen Sie die Kraft dieses Ortes, stellen Sie sich vor, wie Sie in Ihre Zellen dringt und sie mit frischer Energie lebendig schwingen. Achten Sie darauf, dass Sie sich wohl fühlen. Falls dem nicht so ist, treten Sie besser gleich aus dem Zirkel, denn nicht jeder Ort ist für jeden heilsam.

Alles wirkt hier jedoch wie von weisen Priestern arrangiert, ist aber Jahrtausende alt. Warten die Plätze darauf, dass man sie neu entdeckt? Dass man hier das Ahnengedächtnis aktiviert? Vielleicht.

Passende Übung:
Echte Hexen tun gar nichts Besonderes, sie sind einfach. Seien Sie einfach da und tun Sie, was Ihnen Ihre Intuition sagt. Bleiben Sie ganz in Ihrer eigenen Kraft.

Welche neuen Gedanken lasse ich heute zu?
Jedes überkommene System verfolgt die wahren Heiler. Warum?

Hexisch bedeutet einfach eigene Wege gehen, komme, was wolle. Und nur wer die eigenen Wege geht, kennt sich selbst näher.

Ausgangspunkt: Ringelai, Dorfstraße. Ziemlich in der Ortsmitte Parkplatz vor dem Hotel Gross. Von hier aus zu Fuß oder mit dem Auto am Hotel rechts vorbei und links den so genannten Freudenhain hoch.
Länge: Alles zu Fuß – etwa ein Kilometer. Oben im Wald von der beschriebenen Stelle aus zum Hexenplatz nur wenige Meter.

Anstieg: Etwa fünfhundert Meter, vom Hotel aus.
Einkehr: Hotel Gross. Ausgezeichnete Küche, prima Service und sehr auskunftsfreudige Besitzer.
Anfahrt: Ab München Richtung Passau (B 12), durch Mühldorf; dann Richtung Altötting, Neuötting, Eggenfelden, Pfarrkirchen, Birnbach, Vilshofen, Tittling, immer Richtung Freyung/Grafenau, dann nach Ringelai. Schneller, aber mit weniger Erlebnisfahrt: München - Passau, ab Passau Richtung Freyung/Grafenau. Ringelai liegt etwas westlich von Freyung.

Anhang

Weitere und weiterführende Jungbrunnen in Bayern, die immer eine Verjüngungstour oder eine Zeitreise wert sind:

Altomünster: Brunnenkapelle bei Langenpettenbach.

Altmühltal: Unterhalb von Schloss Prunn.

Andechs: Elisabethquelle.

Auerberg: St.-Georgs-Kirche mit Heilquelle.

Berchtesgaden: Heilstollen im Haselgebirge (Salzgestein), Weihbrunn am Untersberg

Füssen: Magnuskirche, Kultgrotte.

Füssen/Alterschrofen: Schwansee-Quelle unterhalb von Schloss Neuschwanstein.

Rottauer Filz: Moorheiligtum, keltischer Bohlenweg östlich von Bernau, östlich der Eichetstraße.

München, Tierpark Hellabrunn: Ein hohes Lob an die Schöpfung zwischen Isarwasser-Kanälen und Tuffgestein. Der Tierpark weist mehrere energetisch hochwertige Stellen auf. In der Nähe eine bekannte Marienkapelle.

Kloster Seeon/Chiemgau

Paterzeller Eibenpfad: mehrere Quellen mit zeitbeeinflussender Keltenkraft.

Lenggries: Isar-Pyramiden markieren den Kraftort.

Wemding: Maria vom Brünnlein (Wallfahrtskirche); Ostrand Nördlinger Ries. Eine so genannte Lichtwasserquelle: Alle sieben Farben vom Regenbogen sprudeln in Ihr Herz.

Wiesenfelden-Heilbrunn: Heilbrunnen nördlich von Straubing.

Neustadt Nähe Marktheidenfeld (nordwestlich von Würzburg): Kapelle des Margarethenhofes, Quelle tritt rechts neben der Apsis zutage.

Bei den bereits in anderen Kraftort-Büchern beschriebenen Quellen haben sich als ganz besonders beliebt und heilend erwiesen:

Mühltal: Hexenquelle.

Eresing bei St. Ottilien: Ulrichsquelle.

Glonn: Frauenbrünndl.

Heiligenbrunn: Magisches Heilwasser in der Nähe von Fürstenzell, unweit von Passau.

Die Natur gibt, wir nehmen nur. Die Schöpfung wiederholt sich in jedem Augenblick. Hier auf Erden ist alles ein Gleichnis. Beginnen Sie, sich der Schöpfungsidee anzugleichen.

Coburg
Hassberge
Aschaffen-
burg
Main
Main
Würzburg
Steigerwald
Bamberg
B
Regnitz
Erlang
a
Nürnberg
18
Main-Donau-K
Ansbach
Schwabach
N
0
50 km
Altm
Nördlingen
Donau
Dillingen
Neu-Ulm
Augsburg
Wertach
Lech
Memmingen
Ammersee
9
12
11
Kaufbeuren
1
6
5
Kempten
Kochel a.S
Lech
Forggen-
see
4
3
Garmisch-
Partenkirchen
2
Oberstdorf
2963
Zugspitze